그루터기

손 선 영 목사 저

조 은

머리말

요즘에 와서 느끼는 것이 하나 있다. 그것은 '내가 이제 늙었구나!' 하는 것이다.

전에는 내 마음의 나이가 언제나 청춘 같아서 "몇 살이세요?"하고 물으면 "마흔 네 살입니다"라고 대답해곤 했었다. 그런데 요 근자에 들어서서는 그렇게 대답을 못 하겠다.

이유는 첫째로 어느 날부터인가 체력이 받쳐 주지를 못해서 매사에 힘이 드는 것을 느끼기 때문이며 둘째는 인생을 논하고 세상을 논하고 말하기 때문이다.

칼럼을 쓴다는 것은 생각보다 쉽지는 않은 것 같다. 왜냐하면 다른 것보다 생각을 많이 해야 하고 또 고심해야 되기 때문이다. 그리고 인생을 말하고 사회를 말하고 세상을 말해야 되기 때문에 더욱 그러하다.

책을 읽다보면 저자의 의도를 안다는 것은 참으로 흥미 있는 일인 것 같다. 본서도 마찬 가지 일 것이다. 더욱이 칼럼은 저자의 의도가 여러 가지의 색깔로 나타나기 때문에 이것저것을 읽으며 맞추다보면 아름다운 무지개를 만들게 될 것이다.

그러므로 본서를 읽으시는 모든 분들이 촉촉이 내리는 보슬비와 안개 속에서 '쨍'하게 비춰주는 한줄기의 태양빛처럼 저자와의 동감대가 되었으면 좋겠다.

칼럼 제1집 「희망은 꽃입니다」를 출간하고 제2집 「그루터기」를 펴내게 되었다.

제2집 「그루터기」가 나오게 된 동기는 복음신문사에서 칼럼을 부탁해서 세상에 이미 알려진 것들을 모아 책으로 묶은 것이다.

그동안 나에게 좋은 기회를 제공해주신 복음신문사 홍순관 상무님과 신동명 편집국장님께 감사를 드린다. 그리고 노고를 아끼지 않고 멋지게 편집해주신 한병국 부장님께도 진심으로 감사를 드린다.

무엇보다도 늘 곁에서 위로하고 격려해 주며 함께 동반자의 길을 가는 사랑하는 아내에게 진심어린 고마움을 표하면서 이 책을 선물해 주고 싶다.

그리고 자나 깨나 쉼 없이 기도와 물심양면으로 힘이 되었던 부천 기념교회 성도님들께 감사를 드리며 지금도 요양원에 계시면서 "엄마 내가 누구야?"라고 물으면 "누구긴 누구야 내 아들이지"하시면서 내 얼굴을 빤히 바라보시는 어머님께 이 기쁨을 안겨 드린다.

끝으로 지금까지 앞에서 인도하시고 뒤에서 밀어주시며 늘 격려로 위로해 주시고 모든 것을 은혜가운데 합력하여 선을 이루신 주 하나님께 모든 영광을 돌려드린다.

서재에서 저자 손 선 영

차 례

Contents

차 례

Contents

차 례

Contents

차 례

Contents

차 례

그루터기

새해 복 많이 받으세요

새해가 되면 첫 마디 인사가 "복 많이 받으세요!"라고 말한다. 복을 말할 때 각 나라마다 그 개념의 차이가 있는 것을 발견하게 되는데 보편적으로 건강한 것, 부귀영화를 누리는 것, 하는 일이 잘되어서 형통해지는 것을 대표로 말한다.

그런데 성경을 보면 하나님께서 모든 피조물들을 만드시고는 생물체들에게 복을 주셨고 안식일 날을 복되게 하셨음을 알게 된다. 성경에서 말씀하고 있는 복의 종류는 크게 세 가지로 요약을 할 수가 있다.

첫째는 '바라크'이다. 이 말의 의미는 '무릎을 꿇는다', '찬양한다'라는 뜻이 있고, 두 번째는 '토브'라는 말이 있다. 그 의미는 번영과 복지를 나타나게 되며 세 번째는 '에세르'라는 복이다. 이 말의 의미는 행복을 누리면서 사는 것을 말하게 되는데 일생의 삶을 통해서 나타내는 것을 의미한다.

그런데 토브나 에세르는 언제든지 바라크의 복을 기초로 시작해서 얻게 되는데 성경에서 복을 많이 받으라는 말은 하나님께 찬양과 기도가 많아짐을 의미한다.

우선 인간적이 되어야 하지 않겠나?

인간의 기본적인 존재성에 관하여 관심을 가지고 연구하는 것을 '휴머니스틱심리학(humanistic 心理學)'이라고 한다. 거기에는 '자아의 정체성'과 '성격과 성질' 또는 '도덕성과 윤리성'과의 관계를 잘 말해주고 있다.

사람들이 모여서 더불어 살아가는 곳을 '사회'라고 말한다. 사회는 혼자서가 아니기에 그 곳에는 도덕이 있고, 윤리가 있고, 질서가 있고, 정치가 있고, 사랑이 있는 것이 그곳이다. 이러한 것들은 사람이 살아가기 위해서는 명예보다도, 재물보다도 그 어떤 것보다도 우선이 되어야만 한다. 왜냐하면 그러한 것들이 있어야만 사람이 행복하게 살게 되고 또한 편안하게 살게 되고 사람답게 살게 되기 때문이다.

만약 삶을 포기한 채 죽음을 선택하여 죽기만을 고대하고 있는 사람들이라면 모두가 다 쓸데가 없는 것들이지만 진정으로 살기 위한 사람들이라면 필연하고 그러한 것들을 추구하고 내세우며 주장하면서 실행에 옮겨야만 한다.

이 글을 쓰고 있는 나와 이 글을 읽고 있는 당신부터 우선 해야만 될 일이다.

사랑의 열매는 헌신이다

작금 우리가 살고 있는 시대를 가리켜서 '황금만능 시대'라고들 말한다. 그래서 그런지는 모르지만 '돈'이라면 모든 것이 해결이 되는 줄 착각하고 있고 또 그렇게들 살아가고들 있는 것 같다. 명예도 돈으로 사려고하고 학벌도 돈으로 사려고하고 심지어 사랑도 돈으로 사려고 하고들 있다. 사람이 살아가는 데는 돈이 필수적이지만 그보다 더 우선이 되어야하고 더 가치를 둘 수 있는 것은 '사랑'이 아니던가?

그런데 현실은 그렇지만은 아닌 것 같다. 돈이 있어야 사랑도 있게 되었고 돈이 있어야 사람 구실도 하는 세상이 되고야말았다. 그래서 사람들은 돈 앞에서는 체면도 없고 인생도 없고 손아래나 손위의 예우나 경우도 없어지고 급기야는 살인도 거침없이 저지르는 세상이 되고야 말았다. 그보다 더 중요한 것은 진정한 헌신이 없어지고야 말았다.

헌신 속에는 인간적인 감미로움이 있는 것이고 삶의 보람이 있는 것이고 그 속에는 인간의 행복이 깃들어 있는 것이 헌신인 것이다. 우리사회가 진정으로 살기 좋은 아름다운사회가 되려면 너와 나의 헌신이 있어야만 된다.

특히 사랑하는 사람을 위한다면 거짓 없는 순수한 헌신이 삶 속에서 이루어져야만 되는 것이 아닐까?

자리 값을 해야 되지 않겠나?

어느 관람석에 가면 위치에 따라서 그 값이 다른 것을 알 수가 있다. 가장 좋은 자리라고 하는 곳은 그 값이 고가인 면에 보통 평범한 자리는 그 값이 약간 다른 것을 보게 된다.

사람에게 있어서도 그 지위와 하는 일에 따라서 값이 매겨지는 것을 알게 된다. 공적인 일이든 사적인 일이든 간에 그가 어떤 신분을 가졌는가를 말할 때 그 값을 정해서 '존귀하다', '비천하다' 라고 말을 하게 되는 것 같다. 그런데 아이러니컬하게도 사람들은 누구를 막론하고 자신을 존귀하고 비싼 존재로 알고 있더라는 것이다. 그렇다면 존귀한 사람은 살아가는 방법도 비싸게 살아가야 되지를 않겠는가?

그 값어치는 돈으로 환산할 수 없는 삶을 말하게 되는데 그것은 인격적인 삶이어야하고 도덕적인 삶이어야하고 헌신적인 삶이어야 되는 것이다. 행동에 있어서도 품위가 있어야 되는 것이며 언어에 있어서도 고상한 언어가 되어야 하는 것이고 또한 그를 보는 모든 이들에게 덕망이 있고 존경스러운 사람이어야만 고가의 사람이라고 할 수 있을 것이다.

지금 당신이 앉아있는 그 자리는 어떤 자리인가? 만일에 스스로 높은 자리, 또는 좋은 자리라고 여기고 있다면 제발 자리 값 좀 하고 살면 어떨까...? 하고 생각해 본다

아이가 없어서 큰일이다

지금 우리나라에서는 저 출산으로 인하여 인구가 줄어들고 있다는 통계청의 발표를 들은 모든 사람들은 그 사실과 내용을 익히 알고 있는 사실이다. 그래서 인지는 모르지만 어느 마을에는 아기 울음소리를 듣지 못하고 산지가 꽤나 오래 되었다는 이야기는 어제와 오늘의 이야기가 아니다. 그러나 더욱 중요한 것은 우리나라에 유아가 없어서 큰일이 아니라 어린아이같이 순전한 사람이 없어서 더 큰일인 것이다.

우리가 아는 대로 '어린아이' 하면 얼른 떠오르는 것이 순전하고 귀여운 모습을 연상한다. 그리고 마냥 천진난만한 모습과 사랑스러운 모습을 가지게 된다. 그리고 상징적인 면에서 어린 아이는 겸손한 것을 나타내는데 일 컷 기도한다.

그런데 지금 우리의 사회는 그러한 모습을 가진 사람들을 찾아보기가 어려운 것 같다. 모두가 다 잘났고, 똑똑하며, 유식하고, 모두가 다 으뜸인 것이다. 그래서 그런지 싸움과 폭력은 쉴 날이 없고, 살인과 방탕함은 멈출 날이 없고, 비방과 사기와 위선은 가실 날이 없는 것이 우리의 현실이다.

예수께서 이런 말씀을 하셨다. "진실로 너희에게 이르노니 너희가 돌이켜 어린 아이들과 같이 되지 아니하면 결단코 천국에 들어가지 못하리라 그러므로 누구든지 이 어린아이와 같이 자기를 낮추는 사람이 천국에서 큰 자니라"

하나뿐이고 한번뿐인 부모님인 것을

어느 상가에 갔던 일이다. 평소에 잘 알고 지내던 지인이라서 부담 없이 조문을 하러갔는데 막상 가서는 전혀 다른 분위기를 느끼면서 나는 상주도 아닌데 하염없이 멈출 줄 모르는 눈물을 닦아가면서 상주를 마주하며 조문을 한 기억이 있다. 왜 그렇게 소리 없는 눈물이 쏟아져 나왔을까? 의아해 하고 있는데 상주의 부인이 곁에서 하는 말이 "우리 남편이 어머니가 돌아가시자 대성통곡하며 하염없이 우시더라고요"하는 것이었다.

'아하 그렇구나! 상주의 진정한 슬픔이 이렇게 모든 사람을 울리고 있구나!' 라고 생각하면서 상주를 위로하고 돌아왔는데 그도 그럴 것이 그 상주에게 있어서는 고인의 외아들로서 애지중지 보호를 받으며 자라오던 중에 원치 않게도 어머니는 장님이 되어 더 이상 자식의 얼굴을 보지 못한 채 몸져누워 계시다가 치매가 오는 바람에 요양원에 남은 생애를 의탁한 채 몇 년을 떨어져 지내면서 하루가 멀다않고 찾아가 뵈었지만 홀로계신 어머니를 자신이 편히 모시지 못하는 죄스러운 마음에 늘 눌려 있던 차에 어머니가 돌아가시자 죄책감에 엉엉 울었던 것이다.

자식으로서 어머니를 향한 진정한 사랑, 진심 어린 효심은 이제는 영영히 볼 수 없는 어머님을 슬픔으로 가득 채운 채 저 세상으로 보내 드려야만 했던 것이다. 누구에게나 있어서 부모님은 한번뿐이고 한세상 사시는 것, 계시는 동안만이라도 잘 해드렸으면 좋겠다.

사랑해요 정말

우리나라가 경제위기를 가지면서 사람 사는 것이 예사롭지 않은 것 같다. 민심이 강퍅해지고 이웃 사랑은 꿈같은 이야기이고 서로들 잘 살아보자는 것이 오히려 전쟁터를 방불케 할 정도로 아우성 들이다.

이러한 험한 세상을 살아가는 성도들의 삶은 더욱 사랑하며 살아가야만 한다. 그러므로 "사랑해요 정말" 주제로 오행시를 지어볼까 한다.

사 : 사시사철 동서남북 언제 어디서나,

랑 : 랑(낭)랑 한 목소리로 사랑한다고 고백하며,

해 : 해마다 하는 말이고 또 듣는 말이지만,

요 : 요지경 속에서도 사랑하는 자는 행복할 것이고,

정 : 정이 들고 또 들어 뼈 속까지 사무쳐서,

말 : 말년이 다 되어도 사랑하며 사는 자는 후회 없이 행복할 것입니다.

명품

세상의 사람들은 명품을 좋아한다. 그래서인지는 모르지만 어느 유명한 회사와 제품의 브랜드라 하면 서로가 가지려고 애들을 쓰는 것을 보게 된다. 필자가 사람들의 심리를 알고 싶어 몇 분을 만나서 인터뷰를 했던 적이 있다. 주제는 '명품이라는 것을 지니고 있을 때의 심리적 현상' 이었다.

그런데 놀랍게도 대답은 한결같이 똑 같았다. 그것은 "명품을 지니고 있으면 자부심이 생겨서 마음이 대담해지고 왠지 모르게 기분이 좋아지며 남에게 과시하고 싶은 마음이 생겨진다."는 것이었다.

그래서 그런지는 모르지만 요즘 세상 사람들은 '명품' 이라는 브랜드를 찾아 선호하며 그것을 소유하려고 수단과 방법을 가리지 않고 행동들을 하는가 하면 반면에 그것 때문에 그 심리를 이용하여 소위 '짝퉁' 이라는 메이커의 제품들이 남루 하는가 보다.

사람에게도 명품의 사람이 있고 짝퉁의 사람이 있다. 영어에서는 그 사람을 가리켜 'Peace maker And Trouble maker' 라고 말을 한다.

피스 메이커의 사람은 학벌이 뛰어나서도 아니다. 재물이 많아서도 아니고 용모가 빼어나서도 아니다. 그렇다고 권세를 가지고 있어서도 아니며 소위 요즘 사람들이 흔히 말하는 잘나가는 유명한 사람도 아니다. 다만 그 사람이 가는 곳에는 평화가 깃들게 되고, 그 사람이 가는 곳에는 화목이 이루어지고, 또한 그 사람이 머무는 곳에는 웃음과 행복이 있고 그 사람과 같이 있으면 왠지 마음이 편안해 지는 사람이다.

그래서인지는 모르지만 누구든지 그 사람을 좋아하게 되고 어디를 가든지 인기가 있게 되고 무엇을 하든지 그 사람을 선호하며 그 사람과 같이 있는 것을 다행스럽게 생각하며 여기게 된다.

반면에 짝퉁과 같은 인물이 있는데 그 사람을 영어에서는 '트러블 메이커' 라고 말을 한다. 그 사람은 가는 곳마다 시비가 일어나게 하고, 불평과 불만이 남루하게 되고, 늘 어디를 가든지 무엇을 하든지 싸움이 일지 않을 때가 없다. 그래서 사람들은 그 사람을 싫어한다. 그 사람을 보면 피하려고 하고 그 사람과 함께 그 어떤 것이라도 하려고 하지를 않는다. 어떤 경우는 그 사람과 함께 있는 것조차 불편하고 불행하게 생각하는 경우도 있게 된다.

그 사람이 아무리 좋은 것을 지녔고 학벌이 좋고 가진 것이 많아 부귀영화 권세를 누리며 외모가 잘나서 멋지게 꾸민 사람이 되어 유명해졌다고 해도 그 사람은 진정으로 명품이 될 수 가 없는 것이다.

요즈음 우리나라의 국회의원들을 보노라면 짝퉁들이 많은 것 같은 생각을 가지게 된다. 국회의원이라면 우선 애국심이 있어야 하고, 희생과 섬김의 정신이 있어야하고, 인격을 갖추어서 배려와 협력이 있어야할 것이며 공직자로서 정직하고 진실해야 할 것이다.

그런데 대한민국의 국회는 어찌된 영문인지 허구한 날 싸움질을 하며 사사건건 시비와 비방을 하며 기회만 있으면 상대방을 음해하려하고 심지어는 남한을 비방하다 못해 이북을 찬양하고 더 나아가서 남한의 국회의원인지 북한의 국회의원인지 조차 분간하기 어려울정도로 혼란에 빠져있는 것을 바라보게 될 뿐만 아니라 뇌물과 사기로 범법자가 되어 옥살이를 치르는 것을 보면 그 어찌 짝퉁이라고 말하지 않을 수가 있겠는가?

국회는 그렇다 치고 교회는 또한 어떠한가? 짝퉁교회, 짝퉁목사, 짝퉁교인들이 얼마나 많은가? 교회와 교회들이 고소하고 있고 목사와 교인들이 서로가 고소를 끊이지 않고 있고, 교단과 교단들이 기회만 있으면 싸움질이나 하려고하고 사기와 공갈이 끊이지를 않고 있으니 그 어찌 짝퉁이라고 말하지 않을 수 있겠는가?

그렇다면 이 글을 쓰고 있는 나 자신이나 이 글을 읽고 있는 당신은 과연 명품일까 아니면 짝퉁일까??

기억에 남아있는 사람

필자가 첫 목회를 시골로 부임해 갔을 때 농촌교회라 하여 약간의 선교비를 매월 보내 주셨던 권사님이 요양원에 입소 하셨다하여 찾아가 인사를 드렸다. 그 권사님은 나에게 있어서 평생을 두고 기억해야 될 은인으로서 그 은혜를 잊을 수가 없는 분이시기도 하다.

오랜만의 만남이라 반가움 반 그리움 반으로 찾아갔을 때는 실망이 먼저 앞서왔다. 치매로 인하여 거동을 못하셔서 침대에 벌러덩 누워서만 생활하시고 생을 보내시고 계셨던 것이다. 너무도 반가워서 만나자마자 "할렐루야 내가 누군지 아세요?"라고 여쭈었더니 두 눈으로 내 얼굴만 빤히 쳐다보시면서 모른다고 고개를 좌우로 저으셨다. 기가 막혀서 설명을 해도 여전히 모른다는 것이다. 할 수 없이 두 손을 잡고 가슴에 손을 얹고 기도하는데 그제 서야 내가 목사인줄 알고 그 옛날 30년 전의 내 모습을 기억하고 흐느껴 우시었다.

그때에 사업이 힘들 때면 찾아오셔서 철야하며 기도하셨던 일들이 비록 치매가 와서 얼굴은 기억을 못하더라도 그의 가슴에는 나에 대한 기억이 각인되어 있어서 기도하는 순간 그때의 기억이 살아나면서 흐느끼셨던 것이다.

지금 나는 누구의 기억 속에 어떠한 형태의 사람으로 남았을 사람이 되어 있을까?

공동묘지의 천사

목사로서 어느 성도님의 하관-식을 무사히 마쳤다는 좀 홀가분한 마음을 가지고 산에서 내려오고 있는데 어느 묘비 앞에서 흰 상복을 입고 흐느끼며 대성통곡하는 분이 눈에 띄었다. 멈칫 서서 바라보다가 하산하면서 들은 이야기로는 상복을 입고 우는 여인은 남편을 장사지내고 혼자 남아서 울고 있는 고인의 아내라는 것이었다. 그들은 생전에 잉꼬부부라 할 정도로 다정다감하게 지냈었는데 남편이 죽자 그 사랑을 호소하면서 남편을 그리며 울고 있었다는 것이다.

순간 나의 마음은 찡-하니 무엇인가 한 대 얻어맞은 느낌이 들었다. 현실에 있어서 '남편이 죽어 저렇게 슬프게 울어줄 여인이 실상은 얼마나 될까?' 하는 의구심 때문이었다.

산다고 하니까 사는 것이지 요즘의 가정들을 돌아보면 진정한 부부의 애를 가지고 '일심동체' 가 되어 사는 가정들이 얼마나 될까 반문하지 않을 수 없는 우리의 사회구조는 너무나 안타까움을 자아내고 있다.

더욱이 '간통죄 폐지' 이후 우리 사회의 가정은 속으로 곪을 대로 곪아서 이제는 남남으로 살고 있는 부부들이 너무도 많은 것을 바라보면서 고인 앞에 슬프게 울고 있던 여인은 어쩌면 공동묘지의 아름다운 천사가 아닐까 싶다.

집과 가정

영어에서는 'House'와 'Home'이란 단어가 있다. 하우스는 목재와 시멘트로 지어져 있어서 그 속에 가구제품들과 전자제품들과 생활도구들로 채워지지만 홈은 사람과 사람으로 지어져있어 그 속에 사랑과 인정으로 채우고 헌신과 수고로 채우고 위로와 기쁨으로 채우고 축복과 안녕으로 채우는 곳이 가정이다. 그러므로 가정이란 밖에서 잃은 것을 안에서 찾는 곳이 가정이요 밖에서 지친 영혼이 안에서 재회하는 활력소가 곧 가정인 것이다.

아무리 화려하게 하우스를 꾸며 놓았어도 그 속에 사람이 살지를 않고 있다면 폐허에 불과한 것이 되고 아무리 하우스 안에다가 호화로운 것들로 가득 채워져 있더라도 그 속에 사랑과 인정과 위로가 없다면 그 호화로운 것들은 장식품에 불과한 것들이 되고야 마는 것이다.

그런데 현대문명이 발달하면서 집들은 잘 지어지고 있는데 반하여 가정은 무너지고 있어 그 속에서는 갈등과 탄식과 한숨과 불안과 곤고함이 가실 날이 없이 계속적으로 쌓여만 가고 있다.

사람을 살게 하려는데 힘을 쏟기보다는 집들을 꾸미려는데 힘을 쏟고 있느니 결국은 집도 무너지고 가정도 무너지고야 말 것이 아니겠는가?

바보 목사

어느 날 연세가 팔십하고도 중반이나 넘으신 선배 목사님께서 당황케 하는 문자를 보내오셨다. 그 내용을 옮겨 실으면 다음과 같다.

「목사님! 요즘 제가 목사님을 조금 닮아 가는 것 같습니다. 아직 차원은 다르겠지만 그 장성한 분량까지는 시간이 필요할 것 같습니다. '대기만성' 이라는 중국의 사자성어는 큰 사람이 되려면 시간이 필요하다는 뜻이지요. 이것은 빈말이 아닙니다. 목사님의 모습은 거룩한 바보입니다. 제가 바보 목사가 되려면(자기 유익을 해로 여김. 빌 2:7-9) 목사님께서 나를 인도해 주시며 동역을 하는 과정에서 훈련이 되리라 확신합니다. 어렵게 생각하지 않아도 됩니다. 그저 목사님을 자주만나고 얼굴을 자주 뵈면서 대화를 나누면 될 것입니다. 감사합니다. -바보 예비목사-」 이러한 내용이었다.

이 글을 보내오신 목사님은 평소에 내가 존경하는 어른 목사님이 신데 그런 분이 이런 글을 보내셨을 때에는 '얼마나 마음에 갈등이 있었을까' 라고 생각도 해보았지만 또 한편으로는 '내가 과연 진정한 바보가 되었을까?' 라고 돌이켜 보면서 예수님의 말씀을 상기해 보았다.

"나는 너희에게 이르노니 악한 자를 대적하지 말라 누구든지 네 오른편 뺨을 치거든 왼편도 돌려 대며 또 너를 고발하여 속옷을 가지고자 하는 자에게는 겉옷까지도 가지게 하며(마태복음 5:39-40)"

믿음의 가치

포장 이삿짐을 나르는 분에게 어느 날 이런 질문을 했다. “이삿짐을 나르다 보면 이집 저집 구경을 많이 해서 재미있겠어요. 그런데 잘사는 부잣집과 못사는 가난한집의 차이점이 있다면 무엇이 다르던가요?”라고 질문을 했더니 그분이 한참을 생각하더니 하시는 말씀이 “차이점이 있다면 종류는 같은데 그것이 고급인가 아닌가의 차이”라고 대답해 주었다.

믿음에도 차이가 있음을 알게 된다. 예수 그리스도를 구주로 믿는 사람들은 누구나 다 믿음이 있다. 그런데 그 믿음에는 차이가 있다. 신약성경 야고보서에서는 그 믿음이 있느냐 없느냐를 떠나서 그 믿음이 살았느냐 죽었느냐를 말씀하고 계신다.

다시 말해서 말뿐인 믿음은 죽은 믿음이고 행동에 옮겨서 열매를 맺는 것은 살아있는 믿음이라고 말씀하고 계신다.

믿음의 가치는 말만 하는 것이 아니라 행동에 나타나는 것이 고귀한 믿음인 것이다.

자랑스러운 사람

한때 KBS-TV스페셜 시간에서 다음과 같은 기사를 방영한 적이 있었다. 그 내용의 대략을 요약하면 다음과 같다.

서기 1985년도 어느 날 원양어선 광명87호에 선장 전재용 씨가 선원 25명과 함께 고기를 가득 싣고 귀항하고 있었다. 그때에 어디선가 SOS 긴급 구조요청의 신호가 잡혔다. 바로 자신들이 지나가고 있는 바다의 인근에서 월남 난민들이 보트피플에 96명의 피난민들이 '피터누엔'이라는 사람을 앞세우고 살 곳을 찾아 헤매다가 난파를 당해서 구원해 달라는 요청이었다.

선장 전재용 씨는 이러한 요청의 소식을 접한 후 본부에 상황을 연락해서 어떻게 하면 좋겠는가를 의논하니 본부에서는 그 일에 개입하지 말고 곧바로 입국하라는 지시가 왔다.

전재용 씨는 본부의 명령대로 본국으로 귀항하다가는 양심의 소리에 괴로움을 억누를 수가 없게 되었다. 물론 본부의 명령을 어기게 되면 해고당할 것은 뻔한사실이지만 죽어가는 사람을 보고 그냥 지나칠 수가 없었다. 그리하여 자신의 미래와 경력까지 희생할 각오를 가지고 뱃머리를 돌려 바다에서 표류하는 난민을 향해 달리기 시작했다. 그때 선원들은 난리가 났다. 이제는 자신들의 앞길이 막힌다는 것이었다.

그때 전재용 씨는 "모든 책임은 내가 지겠다"라고 선언하고는 난민들을 모두 다 구조하고 보니 어린아이와 노인들도 있었다. 그리하여 노인들과 환자들은 선장실에 머물게 하여 아픈 곳을 응급치료하며 귀항하는데 25명이 10일 동안 먹을 양식으로 96명이 같이 먹으니 도중에서 양식이 떨어지고야 말았다.

이때 전재용 씨는 난민들을 달래주면서 "여러분 걱정하지 마십시오. 지금 이 배에는 생선이 가득합니다. 이 고기를 먹으며 가면 됩니다."라고 격려하며 드디어는 부산항에 도착하게 되었다.

난민들은 당국에서 조사하기 위해 데리고 간 후 곧바로 전재용 씨는 회사에서 해고를 당하고야 말았다. 그 후 전재용 씨는 여러 곳에 이력서를 넣고 취직을 원했지만 그 어느 곳에서도 받아주는 곳이 없어 할 수 없이 통영에서 바다에 양식업을 꾸리게 되었다.

그 후 17년이 지난 어느 날 미국에서 한통의 편지가 왔다. 그것은 난민의 지도자 역할을 했던 '피터누엔'이 보낸 편지였다. 그들은 당국의 조사를 받은 후 곧바로 미국에 가서 열심히 일하여 모두다 성공을 했다는 것이다. 그런 후 생명의 은인이 되는 전재용 씨를 찾아서 해항 회사마다 연락을 했지만 찾을 수가 없게 되었는데 정부의 도움으로 통영에서 양식업을 하고 있다는 연락을 받고는 곧바로 확인한 후 미국으로 초청을 한 것이었다. 그리고는 2004년 8월 8일 드디어 19년 만에 LA공항에서 극적인 만남을 이루게 되었고 이러한 사실이 미국 정부에 알려지면서 베트남 난민들이 UN난센스에 전재용 씨를 추천하여 위대한 인물로 등용하게 되었다.

그때 피터누엔 씨의 말을 빌리면 "지나가는 배들에게 구호요

청을 했지만 25번째의 배들이 다 그냥 지나갔지만 26번째의 전재용 씨는 자신들을 살려 주었다."는 것이었다.

그동안 자신이 쌓아놓았던 경력과 앞길까지도 희생하면서까지 죽어가는 생명을 살렸던 전재용 씨야 말로 진정한 인간다운 인간이요 위대한 사람이라고 말하지 않을 수 없는 사람이다. 세상에서 천하보다 귀한 것이 있다면 그것이 무엇일까? 그것은 사람의 생명일 것이다.

성경 마가복음 8장 36절 이하의 말씀을 보면 "사람이 만일 온 천하를 얻고도 제 목숨을 잃으면 무엇이 유익하리요 사람이 무엇을 주고 제 목숨을 바꾸겠느냐" 고 예수께서 말씀 하셨다.

천하를 주고도 바꿀 수없는 하나밖에 없는 고귀한 생명, 그 생명을 사랑하고 또 그 생명을 위하여 헌신할 수 있는 사람은 진정으로 위대한 사람인 것이다.

그 누가 주인일까?

중국 상해에 가면 우리나라가 일제의 36년 속박에서 벗어나 독립하기 전에 임시 정부를 세워 대한독립을 목적으로 청사를 보던 곳이 있다. 그 곳에 가면 우리나라의 초대 임시대통령이 누구이며 또한 어떤 분이 독립을 위해 심열을 기울였는지를 알게 된다. 오직 나라를 찾기 위해 이국 멀리에 가서 수모를 가리지 않고 목숨을 바쳐가며 수고를 아끼지 않으신 그 분들의 숨결은 영원히 대대손손 기억에 남겨야 될 일이다.

그런데 그곳에 가면 안타깝게도 가슴 아픈 일을 목격하게 된다. 지역개발로 인하여 주변들은 화려하게 건물들이 지어져가고 있고 아름답게 거리가 꾸며져 가고 있는데 반하여 임시청사의 건물은 낡은 모습 그대로 폐허로 변해가고 있다.

필자의 생각으로는 만일에 그대로 방치해 둔다면 어쩌면 얼마 못가서 마침내는 흔적도 없이 사라질 수밖에 없는 실정이 되고야 말 것이다.

왜? 그렇게까지 되었을까? 안타깝게도 정부에서는 그 역사적 유물에 대하여 손을 안 쓰고 있는 것 같다. 왜? 그럴까? 아마도 주인이 아니어서가 아닐까?

황무지가 낙원으로

제주도에 가면 한림공원이 있다. 지금부터 약 42년 전에 송봉림 씨가 황무지 모래벌판 약 10만여 평을 개간하여 그곳에 야자수 씨앗을 심고 각종나무를 심어 푸르른 꽃동산으로 만들어서 사람들을 즐겁게 하고 있다.

또한 거제도에 가면 외도가 있다. 해금강을 끼고 배를 타고 약 4km이상을 가면 면적 약 4만7천여 평의 아름답고 아담한 섬이다. 1969년 7월 이창호 씨는 이 근처로 낚시를 왔다가 태풍을 만나 우연히 하룻밤 민박을 한 것이 인연이 되어 1973년까지 3년에 걸쳐 섬 전체를 사들이게 된다.

이 씨의 고향은 평안남도 순천이었는데, 부부는 이 섬의 자연에 매료되어 이곳을 제2의 고향으로 삼는다. 1970년대 초반부터 이 섬을 개발하기 시작하여 지금은 아주 멋진 낙원으로 꾸며져 있어 많은 사람들이 찾고 있는 관광명소이다.

개척은 없는데서 있게 하는 것이 개척이다. 거기에는 창조의 정신과 개발의 신념이 담겨져 있어 마침내는 모든 이들에게 유익과 아름다움을 안겨다 주는 것이 곧 개척인 것이다.

구경꾼도 되어야 하겠지만 개척자가 되는 것은 더욱 멋진 인생이다. 그 사람은 지금 바로 당신일 것이다.

그러거나 말거나

평소에 마음이 대담한 부인이 있었다. 그의 남편은 매사에 성실한 편이신데 어쩌다가 좋지 않은 버릇이 있어서 그 버릇 때문에 부인의 가슴을 아프게 하곤 했다. 그러한 일들을 지켜보는 이웃도 안타까운 마음으로 남편을 탓하면서 부인을 달래주고 위로하는 말로 "얼마나 마음이 속상하세요?"하면 그 부인의 대답은 한결같이 "그러거나 말거나 그 사람은 내 남편 이예요"라고 말하면서 한숨을 짓곤 했다.

예수님께서는 사람을 바라보시면서 대하시는 모습이 한결 같으시다. 사람들은 기회만주어지면 어떻게 해서든지 세상을 사랑하여 세상을 그리워하면서 세상길로 돌아가려고 하고 있지만 그래도 예수님께서는 이렇게 말씀하신다.

"그러거나 말거나 그래도 나는 너를 사랑한단다..."

사랑이란 어떤 조건 속에서 이루려 한다면 참 사랑을 다할 수가 없는 것이다. 그 사람 자체를 사랑하고 그 인격자체를 사랑해서 이루어지는 것이 참사랑인 것이다.

현대는 사랑이라는 단어는 많이 있는데 참 사랑은 찾아보기가 어려운 것 같다. 그러거나 말거나 사랑할 수 있다면 얼마나 좋을까?

불륜과 로맨스

우리나라에서 유행되는 언어 중에 '남이 하면 불륜이고 자기가 하면 로맨스'라는 말이 있다. 그 말은 남이 하는 것은 부정적으로 보고 비판하면서 자기가 하는 것에 있어서는 합리화시켜서 말하는 사람을 비꼬아 일컫는 말 인줄 안다.

사람은 매사를 어떤 시각으로 바라보는가에 따라서 그에 대한 것을 평가하거나 말하게 되는데 아무리 좋은 일이라 할지라도 그것을 나쁜 시각으로 보고 생각하여 판단한다면 그 일은 불륜과 같은 것이 되지만 아무리 나쁜 일이라 하더라도 그 일을 좋게 보고 생각하여 말하게 되면 그 일은 로맨스와 같은 일이 되는 것이다.

사람의 판단이란 감정과 이념에 따라 다르게 나타날 수가 있다. 가령 같은 사물을 보더라도 기분이 좋은 가운데 보았을 때에는 아름답고 멋진 것이 되지만 마음이상하고 기분이 안 좋았을 때 보게 되면 그렇게 아름답고 멋진 것이라 하더라도 흉측하게 여겨지기 때문이다. 자기 기준에 맞추고 자기 판단에 정의를 둔다면 그것만이 '옳다'라고 말 할 수는 없는 것이기에 세상은 지금도 더불어 살면서 공존하는 사회를 구성하고 있다.

내가 있으므로 너도 있음을 알고 행하면 얼마나 살기 좋은 세상을 살아갈 수가 있을까?

사랑의 열매

하나님은 사랑이시다. 예수님도 사랑이시다. 사람은 하나님의 형상대로 지음을 받은 관계로 사랑을 가지고 살며 사랑을 하며 사는 것이 사람이다.

사랑은 미움의 반대이며 증오의 반대이다. 그러므로 사람은 무엇보다도 우선적으로 사랑을 심어야 한다. 그것이 무엇 일까? 첫째는 관심을 갖는 것이고, 둘째는 희생과 헌신을 하는 것이고, 셋째는 베풀어 주는 것이며 그리고는 그 열매를 거두는 것이다.

사랑은 행동에 옮겨 좋아지게 하는 것이다. 말로만 입으로만 생각으로만 사랑하는 것이 아니라 행동에 옮기는 것이 열매이다.

더 나아가서 나 때문에 그곳이 좋아지게 하고 모든 사람들이 행복해하며 잘살게 하는 것이 사랑의 열매이다.

위대한 용기

필자가 담임하고 있는 교회에 새로 나오신 성도님이 한 분 계신다. 그 성도님은 예수 그리스도를 구주로 섬기기 전에는 사회에서 나름대로의 명분을 가지고 지내셨던 분이시다. 그 분은 얼마나 독선적이셨든지 자기에게 모든 것을 맞추어서 자기 합리적으로 사셨던 분이시다.

남을 배려하는 것 같은데도 결국은 자기에게 맞추기 위한 배려이고 그러다보니 자신에게 안 맞으면 신경질 부리고 소리를 지르면서 위협적으로 사람을 억압하려는 성격을 가지고 있었다. 거기에다가 술을 먹게 될 경우에는 세상에 자기밖에 없는 듯 소리 지르며 난폭한 행동을 서슴없이 해 대는 분이셨다. 그러면서도 불의를 보면 용납지 않고 정의에 서서 앞장서가는 기질이 있고 인정도 많고 의리도 있는 분이라서 나름대로 또한 그러한 성격을 좋아하는 사람들이 꽤나 있어 그의 주변에는 친구 분들이 늘 함께하고 있었다.

그러한 분이 예수님을 믿고 나서 변화를 갖게 되어 이제는 회개하는 마음으로 새로운 삶을 살아가려고 부단히 애를 쓰면서 노력하는 가운데 차츰차츰 삶이 달라져가고 있었는데 어느 날 고향에 있던 어느 단체에서 임원으로 일해 달라고 청탁이오더라는 것이다. 그때에 얼른 생각하기를 '그러면 그렇지 내가 누구인데'라고 혼자 좋아하면서 "주여 감사합니다. 내가 예수님을 믿으니까 주님께서 높여 주시는군요."하고 기도한 후 며칠을 지나고 났는데 생각하면 할수록 그 자리에 들어가면 도무지 안 될 것 같은 생각이 들더라는 것이다.

이유인즉, 그 자리에 있게 될 경우 예우가 좋으니 자만해 질 것이고, 또 술친구들과 더불어서 술을 즐기다보면 옛 생활로 다시 돌아갈 것 같고, 그러다 보면 사람을 아래위를 몰라보는 '안하무인격'의 자신이 될 것은 뻔한 일인데 그럴 경우 결국에 가서는 자신의 신세가 '패가망신'을 당할 것은 불 보듯 뻔한 일이더라는 것이다. 그래서 고민 고민하다가는 얼른 사람을 불러서 그 자리를 사양했다는 것이다.

'용기'라는 것은 사람을 사람 되게 하는 것이고, 안 되는 일을 될 수 있도록 기적을 갖게 하는 것이 용기라고 나는 생각을 한다. 더 나아가서 용기란 거절할 것은 거절하고, 사양할 것은 사양하고, 아닌 것은 아니다.

'옳은 것은 옳다'라고 할 수 있는 것이 용기인 것이다. 끊어야 될 것은 끊고 맺어야 할 것은 맺을 수 있는 것은 그 사람으로 하여금 사람다운 사람으로 보여주는 것이 아니겠는가?

성경 히브리서 11장24절 이하 26절에 히브리인의 지도자였던 모세에 대하여 이렇게 말씀하고 계신다.

"믿음으로 모세는 장성하여 바로의 아들이라 칭함 받기를 거절하고 도리어 하나님의 백성과 함께 고난 받기를 잠시 죄악의 낙을 누리는 것보다 더 좋아하고 그리스도를 위하여 받는 수모를 애굽의 모든 보화보다 더 큰 재물로 여겼으니 이는 상 주심을 바라봄이라”

왕자로서 하나님을 떠나 죄와 더불어서 부귀와 영화와 향락과 사치와 허영에 사는 것보다는 모든 것을 거절하고 고난스럽더라도, 초라해 보이더라도, 가난하더라도, 수치스럽더라도 차라리 깨끗하게 살고, 진리에 살고, 가난한자를 위하여 살고 하나님을 위하여 사는 것이 더 났다고 판단해 그것을 선택하는 용기는 모세로 하여금 하나님의 종으로써 또한 60만 대군의 지도자로써 능히 감당하는 사람으로 일생을 마칠 수가 있게 된 것이다.

작금에 있어서 거절해야만 살 수 있었던 것을 거절하지 못해 그것 때문에 인생을 ‘패가망신’ 시킨 사람들의 사례들이 우리 주변에 얼마나 많이 대두되고 있는가?

특이나 명예를 가진 사람과 권세를 가진 사람일수록 더한 것은 거절할 것을 거절하지 못하고 ‘옳다’, ‘아니다’ 하는 용기를 갖지 못하여 비극의 결과를 갖게 되는 것이 아니었던가? 그렇다면 당신은 과연 ‘용기’ 있는 사람인가?

남의 말이 안 들린다

목사의 직업은 내생각과 내 이론을 남에게 전달해 주는 것이 직업이다. 그래서 논리적으로 말을 많이 하고 또 계속해서 주장을 해야만 되는 삶이 목사가 살아가는 삶인 것이다.

그러다보면 남의 의견도 들어야만하고 또 남의 것도 모방을 해야 하고 그리고는 내 것을 만들어서 남에게 전해주어야만 하는 것이 목사이다.

그런데 어느 날인가 부터는 나에게 있어서 남의 말이 들어오지를 않고 있었다. 의도적으로 남의 설교를 들어야 하는 때가 있게 마련인데 그 설교가 내 귀에 들어오지를 않고 내 의견과 내 말과 내 주장만 하고 있는 것을 발견하게 되었다.

"아하 이거 큰일 났구나 늙으면 자기 말만한다더니 내가 이미 늙어있었구나."라고 생각하면서 남의 말을 들으려고 애를 쓰는데도 이상하게 어느 한쪽구석에서는 비판이 나오고 판단이 먼저 되고 어느 때는 아예 귀넘어듣는 것이 자연스럽게 되어버리고 말았다.

인생으로서 남의 말을 너무 잘 들어도 문제가 되지만 그보다 더 큰 문제는 남의 말이 안 들어오고 내말만 열심히 하는 것도 더 큰 문제이다.

늙으면 남의 말이 안 들어오고 자기입장과 자기말만 열심히 힘 있게 한다는 것이 사실인가 보다.

두 종류의 사람

두 종류의 사람이 있다. 한 종류는 '피스메이커(Peacemaker)' 와 또 다른 한 종류는 '트러블메이커(Troublemaker)' 이다.

피스메이커는 만나는 사람마다 즐거움을 주고 모든 매사에 기쁨을 주면서 화해를 도모 하지만 트러블메이커는 사사건건 시비하며 매사에 부닥칠 뿐만 아니라 분쟁과 다툼을 일으킨다.

사람이 살다보면 나에게 맞는 일도 있고 안 맞는 일도 있는 것이 세상사이다. 그러한 중에 서로가 맞추면서 결국은 좋게 하는 것이 인격과 영성을 가진 사람들이 해야 될 의무이기도 한 것이다.

나에게 주어진 환경을 탓하면서 비관하기보다는 그 환경 속에서 즐겁게 살 수 있는 것이 능력이고 나에게 불편한 사람을 욕하며 비방하는 중에 속상해서 사는 것보다는 그 사람과 화해를 해서 마음 편하게 살 수 있는 것이 능력 있는 사람인 것이다.

그보다 더 좋은 것은 내가 먼저 손을 내밀어 화해를 요청하고 내가 있음으로써 즐겁게 좋은 일을 이루도록 앞장서는 것이 더욱 좋은 것이기도 하다.

그런데 피스메이커는 저절로 되는 것이 아니라 만들어 가더라는 것이다.

함께 나누는 고통

미국 인디아나주의 어떤 시골 마을에 '브레인 튜머(brain tumor)'라는 병을 앓고 있는 '브라이언'이라는 15세의 소년이 있었다. 이 병은 뇌종양과 비슷한 것으로 브라이언은 수술을 받고 방사선 치료를 받아야만 했다.

그는 학교에도 가지를 못하고 방사선의 치료를 받은 결과로 머리가 전부 빠졌지만 다행이 건강은 회복이 되어 이제는 학교에 가게 되었다. 그의 반 아이들은 약 20명 정도 되는 시골 학교였다. 드디어 브라이언이 학교에 가게 되는 날 그 반의 아이들은 모두가 다 머리를 깎고 학교에 왔다. 이유는 브라이언이 머리가 빠져서 하나도 없는 것을 알고는 반 아이들이 협의하여 사랑하는 친구 브라이언이 고통 속에서 학교에 오더라도 자존심을 상하지 않고 부끄러움 없이 학교에 계속 잘 나오게 하기 위함이었다.

브라이언의 수업 첫날, 선생님이 교실에 들어와 보니 브라이언뿐만 아니라 반 학생들 모두가 머리를 밀고 앉아 있었다. 아이들이 머리를 깍은 이유를 알아차린 선생님은 교단에 서서 흐느껴 울기를 시작했고 이를 보는 반 학생들도 모두가 다 같이 울었다.

고난의 삶속에서 나눌 수 있는 최고의 위로는 그 고난 속에 함께 있어 주는 것이다.

같이 사는 인생

인도의 성자라고 하는 '사두 썬다싱(Sadhu Sundar Singh)'에 관한 일화이다. 어느 날 그가 히말라야산맥을 넘어 네팔에 전도를 하러 그의 친구와 함께 가는 중이었다. 가는 도중 흰 눈에 미끄러져 쓰러진 자를 발견하게 되었다. 그는 혹독한 추위 속에 거의 얼어 죽어가는 상태였는데 그의 친구는 우리의 갈 길도 바쁘고 산은 위험하니 해가지기 전에 어서 가자고 재촉하며 앞서 먼저 갔지만 썬다싱은 그럴 수가 없어 길에 쓰러진 사람을 등에 업고 높은 고개를 넘어가게 되었다.

얼마쯤 지나서였다. 웬 사람이 길에 쓰러져 죽어있는 것을 보니 앞서가던 친구였다. 그는 혹독한 추위 속에 그만 자신의 체온을 유지하지 못하고 죽었던 것이다. 그러나 썬다싱은 자신이 등에 없는 사람의 무게와 온기로 인하여 땀을 흘리면서 고개를 무사히 넘어갈 수 있었는데 마침내는 그 사람도 썬다싱의 몸에서 품어내는 온기에 얼었던 몸이 녹아 생명을 건질 수가 있었다.

세상은 나 혼자 살겠다고 욕심을 부리면 결국은 자신도 죽게 되지만 더불어 같이 살려고 자신을 희생하면 결국은 모두가 다 살게 되는 것이다.

희생의 열매

한 곤충학자가 개미를 대상으로 실험을 했다고 한다. 그는 개미들이 집단으로 모여 사는 곳에 나무젓가락을 넣고 그곳에 불을 붙였는데 불이 났을 경우 개미들이 어떻게 대처하는지를 연구하기 위해서였다. 그러자 뜻밖의 일이 일어나더라는 것이다.

불을 끄는 방법을 몰라 당황할 것이라는 예상을 깨고 개미들이 일사불란하게 움직이기 시작하더니 처음으로 불을 발견한 개미가 자신의 몸을 불 속으로 내던졌고 다음 개미들도 마찬가지로 불속으로 뛰어들더라는 것이다. 그러자 불꽃이 점점 약해지기를 시작하더니 마침내는 그 활활 타던 불꽃마저 소화가 되어 한줌의 재만 남기게 되더라는 것이다.

그 이유는 개미의 몸을 이루고 있는 '키틴질'이 불에 타면서 불꽃을 줄이는 소화물질로 변화가 되었기 때문이다. 이와 같이 희생에는 값진 열매가 뒤따르는 법이다.

성경은 말씀하고 있다. "내가 진실로진실로 너희에게 이르노니 한 알의 밀이 땅에 떨어져 죽지 아니하면 한 알 그대로 있고 죽으면 많은 열매를 맺느니라(요한복음 12: 24)."

땀 흘림의 유익

땀을 흘리는데 여러 가지의 종류와 이유가 있다. 한 방학에서는 '자한'과 '도한'으로 나누고 더 나아가서는 '두한'과 '수족한'과 '음한'과 '심한'이 있다.

수고를 아끼지 않고 열심히 일을 하면서 흘리는 땀은 그 무엇보다도 가치가 있고 귀 한 것이다. 땀을 흘리면 몇 가지 유익이 있게 되는데 첫째는 몸에 있는 노폐물이 빠져나가서 건강에 좋고, 둘째는 혈액순환이 잘되어서 신진대사에 유익하며 신체적으로 스트레스가 풀려서 몸과 마음이 이 가벼워지고 상쾌해 진다.

금년에는 그 어느 때보다도 유난히 더운 여름이었다. 그래서 인지는 모르지만 땀도 많이 흘렸다. 그러나 그 이면에는 보람된 일들도 많이 있었을 것이다. 열심히 뛰었고 열심히 살아왔고 열심히 일을 해 왔기 때문이다.

당신이 흘린 땀방울에는 후회함이 없는 보람과 유익의 열매가 맺혀질 것이다. 땀을 흘려보자.

참으로 기쁜 성탄절

필자가 어린 시절에 다니던 교회는 시골에 자그마한 교회였다. 그때 당시에는 교회가 너무 가난하고 어려워서 흙바닥위에 가마대기를 깔고 예배를 드리고 있었다.

먹을 것이 없고 볼거리가 없었던 시절이라서 그랬는지는 모르지만 교회에서 무슨 행사를 하노라면 온 동네가 축제의 분위기가 조성되곤 했었다. 특히 성탄전야의 시간에는 더더욱 들떠있는 마음들이라서 온 마을주민들이 교회에 관심이 집중되곤 했었다.

그 해에도 교회에서는 찬양과 율동과 성극으로 성탄 전야제를 치르게 되었다. 아이들이 예쁘게 단장을 하고 재롱을 떨면서 어르신들을 즐겁게 해 드린다. 자식을 둔 부모님들은 내 자식이 폴짝폴짝 뛰는 모습이 귀여운지 박수갈채를 아끼지 않고 흐뭇해 하신다. 비록 예수님을 믿지는 않지만 그때만큼은 모두가 다 한 마음이 되어서 예수님오심을 기뻐하며 축하하곤 했었다.

지금도 잊어지지 않고 기억에 남는 일이 하나 있다. 모든 프로그램을 마무리하면서 하이라이트로 성극을 한다. 그 다음에는 모두가 모여서 찬송을 한다.

"고요한 밤 거룩한 밤 어둠에 묻힌 밤…"

고요한 적막을 뚫고 여기저기서 훌쩍거리는 사람이 있다. 감격에 겨워서 소리 없이 눈물을 흘리는 사람도 있다. 이내 끝을 못 맺고 여기저기서 '흑흑' 거리며 '엉엉' 우는 사람도 있었다. 온통 장내가 예수님을 맞이하는 기쁨과 감격에 절정을 이룬 것이었다. 그런 다음에는 야식을 맛있게 먹고는 가가호호 방문하면서 새벽 송을 돈다.

비록 날씨는 춥지만 마음은 뜨거워서 마을을 뛰어다니며 "기쁘다 구주 오셨네 만백성 맞으라..." 소리 높여 찬양을 부르곤 했었다.

그런데 요즈음은 시대가 바뀌어 문명이 발달하고 볼거리가 많고 먹을 것이 많아서 그런지는 모르지만 성탄절이 되어도 그때의 그러한 풍경과 감격을 찾아보기가 힘든 것 같다. 그래도 한때에는 거리거리에서는 크리스마스캐럴이 울려 퍼졌고, 사람들은 서로가 기쁨을 나누면서 선물들을 주고받는 진풍경은 사나워져가는 인심 속에 한구석 따뜻한 온기를 자아내는 일들이었다.

그러나 지금은 어떠한가? '조용히' 만 강조하면서 구세주가 되시고 하나님의 아들이 되시며 만왕의 왕이 오신 날이 무색해지는 것만 같아서 마음이 안타깝기만 하다.

예수님은 어제나 오늘이나 동일하신 분이신데 사람들은 그렇지가 않은가보다. 바뀌었으면 사람들의 문화와 양상이 바뀌었지 예수님도 바뀌셨다는 말인가? 오로지 그분만을 높이고 그분만을 찬양해야 될 교회 안에서 마저 그분을 외면하고 있으니 이 일을 어찌해야 좋단 말인가? 그것은 구세주 예수님에 대한 경외심과 존경심이 결여되었다는 단면적인 또 다른 증거를 말해주고 있는 것이 아닌가 싶다. 아니 그보다도 그분에 대한 사랑의 마음이 없기에 그분에 대한 헌신적인 일들을 기피하고 있는 성향이 아닌가하고 의구심을 자아내기도 한다.

반면으로는 굳이 꼭 그렇게 해야 만이 그분에 대한 존경심과 경외심이며 사랑의 표시냐고 반문할 수도 있겠지만 그렇지 않으면 왜? 그렇게 되었느냐고 따져 묻지 않을 수도 없는 일들이기도 하다.

아프리카의 어느 선교사님의 일화가 생각이 난다. 어느 성탄절 날 예배시간에 그 마을추장이 송아지 한 마리를 끌고 오더란다. 그래서 목사님이 "이게 웬 소입니까?"하고 물었더니 "예~ 예수님께 생일선물로 드리려고 끌고 온 것입니다. 예수님은 우리를 위해 당신의 목숨도 버려 주셨는데 나는 예수님께 드릴 것이 있어야지요. 그래서 이 소 한 마리를 드리려고 끌고 왔습니다."하면서 봉헌했다는 일화이다. 그 당시에 그 마을에서 소 한 마리는 대단한 가치를 나타내는 표시였다고 한다.

참으로 기쁜 성탄절이 되게 하려면 가장 최고의 가치를 돌려드릴 때에 그 기쁨을 맛보게 될 것이다.

멍 때리기 대회

서울시는 지난 5월 22일에 2016년 '멍 때리기 대회'를 한강 시민부지공원에서 개최를 했다. 수천 명이 모여서 3시간동안 아무런 생각 없이 그저 '멍~'하니 앉아있는 것이다. 움직여도 안 되고 웃어도 안 되고 어떤 표정을 바꾸어도 안 되는 규칙이 정해져 있었다.

그런데 대회를 개최한 주최 측의 말이 더욱 재미가 있다. 발표에 의하면 복잡한 현실사회에서 잠시나마 모든 생각을 잠시 멈추고 아무런 생각 없이 뇌를 휴식하게 함으로써 더 나은 내일을 갖게 하는데 그 목적이 있었다는 것이다.

그곳에 모인 많은 사람들은 이구동성으로 이번 대회를 극찬하면서 다음기회를 기대한다고 흥분 섞인 목소리들을 내어 말하는 것을 들어 보았다. 그러나 다른 한편으로 바라보면 '얼마나 모자라서 멍청이 연습을 하고 있나'라는 부정적인 생각을 갖지 않을 수가 없다.

하나님께서 인간에게 주신 축복이 있다면 생각할 수 있는 사고력을 주신 것이다. 생각할 수 있는 인간이기에 그 생각을 통하여 행복과 불행을 알고 느끼고 또한 추구하는 것이 인간인데 생각을 멈추기를 바란다니 참으로 생각이 없는 그 인간은 멍청이 중에 멍청이일 것이다.

통하면 살 수 있다

손자가 두 명이 있다. 큰 아이는 다섯 살이고 작은 아이는 세 살이다. 큰 아이는 이제 아무 말이나 거침없이 잘 하지만 작은 아이는 이제서 말을 배우느냐고 종알거리면서 알아듣지도 못 하는 말을 하곤 한다. 그러노라면 눈치껏 "이랬니?", "그렇구나!", "응~!" 하면서 맞장구를 치면서 이야기를 주고받는다.

그러다가 진작 알아들었어야 할 말을 알아듣지 못해 의사소통이 안 될 때가 종종 있곤 한다. 그때에는 옆에서 듣고 있는 큰 아이에게 "이 말이 무슨 말이지?"하면 큰손자는 그 말의 의미를 알아듣고 통역을 해 주곤 한다.

더욱 재미있는 것은 둘이 장난하며 놀 때이다. 어른들은 무슨 소리인지 깜깜하게만 들리는데도 자기네끼리는 주거니 받거니 의사를 소통하면서 재미있게 놀곤 한다.

인생은 통해야 사는 법이다. 의미가 통하고 마음이 통하고 생각이 통하고 말이 통해야 모든 것이 만사가 형통할 수가 있는 것이다. 우리의 몸에는 혈이 통해야 되고 우주에는 기가 통해야 되고 사람과 사람사이에는 통하는 그 무엇이 있을 때에 행복을 쌓을 수가 있는 것이다.

막히면 죽고 불통하면 망하게 되는 법이다.

촌장의 고집

2011년 3월, 일본 도호쿠 지방(혼슈의 북동부 지역)에 규모 9.0의 대 지진이 일어나 순식간에 쓰나미를 몰고 왔다. 당시 사망자 15,894명, 이란 엄청난 피해를 입었으나 유독 인구 3천명의 후다이 마을에서만 단 1명만 사망하고 전부가 살아남았다. 이유가 있었다.

이 마을에는 1896년에 15m가 넘는 초대형 쓰나미 피해로 약 1천여 명이 죽었고 1933년에도 대형 쓰나미가 몰아쳐 600여명이 숨지는 비극이 있었다. 그런데 극적으로 살아남은 '와무라 고토쿠(和村幸得)'라는 사람이 그 마을에서 자라면서 어른이 된 후 그 마을에 촌장이 되었다. 과거 두 번의 참상을 늘 마음에 담고 있었던 그는 높이 15m 이상의 방조제와 수문을 건설하기로 결심을 했다.

"우리에겐 가슴 아픈 희생자들이 있다. 반복돼서는 안 된다. 이 방조제와 수문을 반드시 완성해야만 된다."는 신념을 가지고 20년 간 끈질기게 정부와 주민을 설득한 끝에 결국 1984년 500억을 투입해 높이 15.5m의 방조제와 수문을 건설했다.

그는 1997년 세상을 떠났지만 그때만 해도 마을주민들은 그를 고집쟁이라면서 손가락질을 했다. 그리고 2011년 3월 11일, 동일본 대지진이 일어나 14m의 초대형 쓰나미가 몰아쳤지만 15.5m의 방조제 덕분에 오직 후다이 마을만 버텨낼 수가 있었다고 한다.

근본 원칙은 건드리면 안 된다

우리는 지난 6월 11일 토요일에 서울시청 앞에서 있었던 '퀴어 축제'라는 일을 기억할 것이다. 남남 여여의 벌거벗은 몸으로 '성'의 문란함을 합리화하여 자기들의 행동을 정당화하려는 그들만의 표현 방법을 대한민국정부는 허락을 했고 또한 시민들은 동조를 했다.

그런데 더욱 가슴 아픈 일은 살아계신 하나님을 믿는다는 소수의 기독교단체들이 그들을 위하여 '성찬예식'과 '집회'를 하면서 마치 하나님께서 그들을 인정이라도 하듯 축제를 열었다는데 더 큰 심각한 문제를 야기 시켰다. 그러면서 "예수님이라면 저들을 이해하시고 품어주실 것"이라면서 마치 자기들이 예수님인 양 그들을 위로하고 격려를 아끼지 않고 있었다.

어찌 그럴 수가 있었을까? 진정으로 살아계신 하나님을 믿고 성령으로 살고 행하는 기독교인들이라면 마치 소돔과 고모라성의 사람들처럼 음란과 쾌락을 '성'이라는 합리화 하에 하나님의 뜻을 거절하고 인간중심으로 도덕과 윤리와 성경에서 벗어난 그들을 옹위 할 수가 있단 말인가?

'퀴어 축제'를 인정하는 것은 '하나님의 창조영역을 침범하는 행위'이다. 이것은 '하나님의 근본 원칙을 건드리고 도전하는 것'이 되는 것이다. 인간은 그러면 안 된다.

만일에 그 사람이 당신이라면

당신은 정상인으로서 장님의 입장에서 그 형편과 처지에 되어 보았는가? 만일에 당신이 장님이 되어 버린다면 어떻게 되리라고 생각이 되는가?

또한 당신은 정상인으로서 귀머거리의 입장이 되어 보았는가? 만일에 당신이 귀머거리가 된다면 어떻게 되리라고 생각이 되는가? 당신은 정상인으로서 벙어리의 입장이 되어 보았는가? 만일에 당신이 벙어리가 된다면 어떻게 되겠는가? 그동안 생각을 못 했었다면 지금 생각해 봄이 어떠할까?

필자의 생각으로는 지금 내가 보고 있고, 말하고 있고, 듣고 있음에 감사에 감사를 하고 살아야 될 것이며, 그러한 사람들을 대할 때에는 그들의 입장에서 이해를 해야 될 것이고, 또한 그런 사람들을 만났을 때에는 최대한의 친절을 베풀어야만 될 것이다.

왜냐하면 당신은 정상적인 사람이기 때문이다. 정상적인 사람은 우선 남을 배려할 줄을 알고 남의 입장에서 자기를 돌아본다. 영어 '언더스탠딩(understanding)'이란 단어가 참 좋은 것 같다.

부분적인 것

사람은 사람을 좋아하고 사랑하는 것을 보면 온전한 사랑이 없는 것 같다.

어떤 사람은 상대방의 육체만 좋아하고 어떤 사람은 정신만 좋아하고, 또 어떤 사람은 상대방의 물질만 좋아하고 또 어떤 사람은 명예와 권세만을 좋아한다. 그러다보니 자기가 좋아하던 것이 싫어지면 헤어지고 원수같이 여긴다. 그래서 사람들은 불행한 세월을 보내고 있다.

참사랑이란 상대방의 전 인격과 그에 대한 모든 것을 좋아하는 것이다. 다시 말해서 상대방 좋으니까 그에게 속한 모든 것들이 좋은 것이다.

그러나 이 땅 위에는 온전한 사랑이 없다. 왜냐하면 온전한 사랑은 땅에 것으로 이루는 것이 아니라 위에서 내려와야 되기 때문이다.

이 진리를 깨달은 바울 사도는 이렇게 갈파했다.

"우리가 부분적으로 알고 부분적으로 예언하니 온전한 것이 올 때에는 부분적으로 하던 것이 폐하리라 내가 어렸을 때에는 말하는 것이 어린아이와 같고 깨닫는 것이 어린 아이와 같고 생각하는 것이 어린아이와 같다가 장성한 사람이 되어서는 어린아이의 일을 버렸노라(고린도전서 13:9-11)"

새해를 맞는 자세

새해가 시작되었다. 새해가 되면 사람들은 큰 기대를 갖게 되는 것은 누구나 다 당연지사이기도 하다.

특히 지난날에 실패와 절망과 좌절 속에 살던 사람일수록 더더욱 새해를 기대하며 소망을 갖게 된다. 어제를 속아 살고 또 내일을 기대하며 한 가닥 희망을 가지는 사람들은 부풀은 가슴으로 하루하루를 보내게 될 것이다.

필자가 어린 시절에 있었던 일이다. 연말이 되면서 새해를 기다리는 사람들과 함께 "새해 복 많이 받으세요."라며 인사를 주고받곤 했었다. 그리고는 드디어 송구영신예배를 마치고 다음날 일어나서 밝아오는 아침을 맞이하며 천지사방을 두리번거리면서 바라보고 있었다. 그리고는 고개를 갸우뚱하면서 큰 실망을 가진 적이 있었다. 그 이유는 어리석게도 생각이 단순해서인지는 모르지만 '새해', '새해' 하니까 사람도 달라지고, 환경도 달라지고, 태양도 달라지는 가보다' 라고 생각했었는데 깨어나서 보니까 하나도 달라진 것이 없이 어제 그 모습 그대로이었던 것이다. 그래서 실망하며 시무룩하고 있다가는 '태양과 지구가 공전하고 자전하는 원리를 가리켜서 새해, 새해 하는 구나' 라는 것을 깨닫고는 나 자신이 얼마나 어리석은 자이었나 하고 부끄러워 한 적이 있었다.

지구가 태양을 한 바퀴 도는 사이에 달은 지구를 열두 바퀴를 돌고, 지구는 삼백 육십 오 바퀴를 도는 사이에 인생들은 얼마나 마음과 생각이 달라지는지는 현실 속에서 더욱 실감하게 된다. 그러면서 사람들이 살아가는데 불편하지 않도록 환경과 제도를 바꾸어 가면서 만들어 가는 것이 인류의 역사라고 한다면 그 속에서 살고 있는 사람들의 마음과 생각들이 변하지 않고 삶이 바뀌지 않는다면 태양이 돌고 지구가 돌아간들 무슨 소용이 있겠는가?

지난날에 가졌던 시기와 질투와 중상과 음모와 살인과 방탕함을 그대로 가지고 있으면서 새해, 새해 한들 과연 그 새해가 얼마나 자신에게 유익이 되며 축복이 되겠는가 말이다.

마태복음 15장 16절 이하의 말씀에 예수님께서 어느 날 제자들에게 이러한 교훈을 하셨다. "예수께서 가라사대 너희도 아직까지 깨달음이 없느냐 입으로 들어가는 모든 것은 배로 들어가서 뒤로 내어버려지는 줄을 알지 못하느냐 입에서 나오는 것들은 마음에서 나오나니 이것이야말로 사람을 더럽게 하느니라 마음에서 나오는 것은 악한 생각과 살인과 간음과 음란과 도적질과 거짓증거와 훼방이니 이런 것들이 사람을 더럽게 하는 것이요 씻지 않은 손으로 먹는 것은 사람을 더럽게 하지 못하느니라"

새해에는 무엇보다도 생각과 마음들이 먼저 바꾸어졌으면 좋겠다. 좋은 사람은 항시 좋은 생각을 하게 되고 늘 좋은 시각을 가지고 좋은 일을 해 나가는 것을 보게 된다. 물론 그 좋은 일이란 서로에게 유익을 주는 것이라야 하고, 덕을 세울 수 있는 것이라야 하고, 사람을 살리는 것이라야만 한다.

불행하게도 지난해에는 우리주변에 너무도 끔찍한 사건들이 꼬리에 꼬리를 물고 일 년 내내 일어나곤 했었다. 국가를 망치는 일들, 사람을 못살게 하는 일들, 환경을 파괴시키는 일들은 이제 과거사로 매듭을 짓고 이제 새해에는 나라도 흥하고, 사람들이 살기 좋고, 행복한 사회를 구성해 보았으면 좋겠다.

그러기 위해서는 우선 생각을 바꾸어 보자. 마음을 바꾸어 보자. 그리고 살아가는 방법을 바꾸어 보자. 좀 더 긍정적이고 아름다운 시각으로 생각하고 바라보며 살아보자. 좋은 일이 날마다 달마다 있게 될 줄을 확신한다.

화장실 사건

얼마 전에 볼일이 있어서 서울 세운상가에 가게 되었다. 마침 소변이 마려워서 1층에 있는 어느 가게 주인에게 화장실을 물었더니 3층으로 올라가라하기에 엘리베이터를 타고 3층에 가면 바로 있는 줄 알고 갔더니 찾아도 보이지가 않았다. 그래서 앞에 있는 상점 주인에게 “화장실이 어디 있나요?”라고 물었더니 고개만 갸웃하면서 “저기로 가세요.”라고 했다. 그쪽방향으로 가서 살펴보니 보이지가 않아서 마침 경비가 있기에 “화장실이 어디 있나요?”라고 물었더니 “안쪽으로 들어가세요.”라고 해서 가리키는 방향대로 가서 찾아보니 역시 보이지를 않았다.

또 다시 앞에 있는 상점 주인에게 물었더니 “저쪽으로 가세요.”라고 해서 그쪽으로 갔더니 역시 또 못 찾아서 그 자리에서 또 다시 앞의 상점 주인에게 물었더니 “저쪽으로 가세요.”해서 또 다시 가리키는 방향으로 가서는 겨우 공동화장실을 발견하게 되었다.

다급한 마음에 가리키는 방향을 따라 찾아가서 볼일을 다 본 다음에는 다급함이 사라지고 나니까 ‘한국, 서울에서 소변한번 보기가 이렇게 어려운가?’ 하면서 기가 막혀 별의 별 생각이 짧은 순간에 내 머리를 스쳐갔다.

뿌리를 못 내린 나무

시골에서 살 때의 이야기다. 과일나무를 한 곳에 심어서 과일이 맺기를 바랐는데 이상하게도 그 나무는 세월이 갈수록 시들어 말라 죽어가고 있었다. 전문가에게 알아보니 토질과 맞지 않아서 그렇다고 한다.

얼른 다른 곳으로 옮겨 심었더니 역시 그곳에서도 시들하니 말라 죽어가고 있었다. 그래서 '아하 여기도 토질이 맞지를 않아서 그런가보구나' 하고 얼른 또 다른 곳으로 옮겨 심고 물을 주고 살기를 바랐더니 결국은 얼마 못가서 말라죽고야 말았다.

너무도 속이 상해서 그 나무를 캐어 버리려고 땅을 팠을 때는 또 한 번 놀라지 않을 수가 없었다. 그 나무는 이상하게도 뿌리를 내리지 못한 채 썩어가고 있었던 것이다. 나무가 자라려면 원뿌리와 잔뿌리가 있어서 잔뿌리가 많이 내려야 싱싱하게 잘 자라는 법인데 그 나무는 몽톡하니 뿌리가 썩어가고 있어서 이곳에 심어도 시들고 저곳에 심어도 시들었던 것이다.

목회를 하면서 느낀 바에 의하면 교회에 다니는 신자도 이와 같은 신자가 있음을 볼 수가 있었다.

네 권리만 권리냐?

대한민국에는 자유의 보장과 인권의 보장이 있다. 그래서 사람들은 자기 마음대로 말하고 행동하며 자기 권리를 주장하며 산다.

특히 인권이란 것은 그 누구도 터치하기가 어려울 정도로 사소한 것까지도 자기를 방어하고 자기를 주장하게 만든다. 때문에 누군가 누구에게 시시비비를 하거나 좋지 않은 언어로 표현하게 되면 법적으로 걸리게 되어있다.

그런데 참으로 나쁜 사람들이 있다. 그 사람들은 이러한 법을 이용하여 자기들의 나쁜 언행을 정당화하면서 남을 괴롭게 하고 타인을 피곤하게 만들고 있는데 이것이 큰 문제가 된다. 그래서 사회는 방종해지고 있고 질서는 파괴되고 있고 풍기문란은 범람하여 사람이 살아가는 세상이 아름답지가 못하다.

그런데 그런 사람들은 하나만 알지 둘은 모르는 모양이다. 다시 말해서 네 인권이 있으면 내 인권도 있고 네 자유가 있으면 내 자유도 있다는 말이다. 각각 개인에게 주어진 참 자유는 윤리와 도덕을 앞세우며 타인을 높여 주는 것이 진정한 자유와 권리인 것이다.

우리나라는 해방 71주년을 맞는다. 이제는 성숙한 모습으로 자유와 권리를 세워 나아가야 될 것이다.

그래서 어쩌라는 거냐?

어느 교회에 기도를 많이 하고 귀신을 쫓아내는 능력을 가지신 권사님이 계셨다. 그는 그러한 일들을 자랑스럽게 나타내 보이면서도 성도들과의 인격적인 관계는 별로 좋지를 못해서 덕을 세우지 못해 늘 문제만 일으키니 성도들이 싫어했다.

그러던 어느 날 그 교회 집사님 한 분이 권사님을 망신시키려고 한 가지 제안을 했다.

"권사님! 우리 옆집에 귀신들린 자매님이 한 분 있는데 몹시 고통을 당하고 있으니까 권사님이 고쳐 주세요." 그래서 권사님은 귀신들린 사람을 찾아가 기도를 하게 되었다.

그런데 그 귀신은 기가 막히게 권사님의 단점과 약점과 흠을 알고 있었다. 권사님이 기도로 귀신을 쫓아내려고 하니까 귀신은 권사님의 흠과 단점을 들먹거리면서 오히려 비웃기를 "네가 교회의 권사냐? 너 같은 것이 무슨 권사야!"하면서 조롱하며 나갈 생각을 안 했다.

그때 권사님이 호통을 치면서 하는 말이 "그래~ 그래서 어쩌라는 거냐? 이 더러운 귀신아 예수 그리스도의 이름으로 명하노니 그 딸에게서 나가라~!"하고 계속해서 명령을 하니까 결국은 귀신이 쫓겨 나갔고 병자는 완쾌되었다.

심고거두는 법칙

새해를 맞이하게 되었다. 송구영신예배를 드릴 때부터 새해에는 지난해 보다 좀 더 무엇인가 좋아지기를 기대하고 시작을 한다. 그래서 말도 덕담을 하고, 생각도 좋은 생각을 하고, 새로운 각오와 결심을 가지고 첫 시간을 출발한다. 정말로 이 글을 읽는 모든 이들에게 새해에는 좋은 일들만 있었으면 좋겠다.

우리나라 속담에 '콩 심은데 콩 나고 팥 심은데 팥 난다'라는 말이 있다. 그 말의 의미는 무엇을 심었는가에 따라서 그 결과가 나타난다는 말이다. 좋은 것을 거두려면 좋은 것을 심어야 될 것이다.

그러면 좋은 것이 무엇일까? 나름대로 생각이 다르겠지만 우선 사랑을 심고 두 번째는 선행을 심고, 세 번째는 덕을 심고, 네 번째는 건강을 심고, 다섯 번째는 물질을 심고, 마지막으로는 감사를 심으면 좋을 것이다. 그리하면 기쁨을 거둘 것이고 즐거움을 거둘 것이며 행복한 인생을 살게 될 것이다.

"선을 행하는 각 사람에게 영광과 존귀와 화평이 있으리니 먼저는 유대인에게요 또한 이방인에게 로다(로마서 2:10)"

한국은 이단 천국인가?

우리나라에 복음이 들어온 지가 벌써 약 120년이란 세월이 흘러갔다. 그동안 하나님의 크신 은혜와 선열들의 뜨거운 열정적인 복음운동을 통하여 이제는 1,200만 명이라는 성도와 함께 세계 선교사 파송 2위라는 영예를 갈게 되었다.

이제는 전국 곳곳 어디를 가든 십자가를 볼 수가 있게 되었고 교회가 없는 곳이 없이 마을마다 한 교회가 들어서 있다. 홍수같이 쏟아져 나오는 신학생들은 이제 교회를 세울만한 곳이 마땅치가 않아서 도시의 어느 지역에는 한 건물에 교회가 세 개처가 들어있는 건물도 있는가 하면 옆 건물 옆 건물을 이어서 쭈르르 나란히 교회들이 서 있는 것이 허다한 것을 목격하게 된다.

그리고 또 한 가지 볼 수 있는 것이 신학교는 얼마나 많은가? 눈만 돌리면 보이는 것이 신학교이며 기도원들인 것을 부인할 수 없는 사실이다.

이러한 현상의 대한민국이 어떻게 보면 긍정적인 면에서 한없이 좋은 현상들일수도 있겠다. 그러나 또 다른 면으로 부정적인 차원에서 돌아보노라면 말할 수 없는 부작용과 불미스러운 일들을 자아내고 있는 본거지들이 바로 그러한 곳이라는 것이다.

그 실례를 들어서 이야기하자면 한국에 무임 목사들이 수천

명이나 된다고 하며 복덕방 목사, 아파트 경비목사, 택시기사 목사 등, 목사 안수를 받고서 정상적인 목회를 하지는 않고 일반인들처럼 일반 직업을 선택해서 그 일에 종사하는 목사들이 수백 명이 된다고 하니 과연 이러한 것을 어떻게 해석해야 정답이 될 수 있을는지 '아이러니 컬' 하기도 하다. 그 뿐인가? 이단 종파들은 또 얼마나 많으며 자칭 예수들은 또 얼마나 많은가?

이러한 현실 앞에서 60년대에는 전도관이 한창 요란을 피우더니 70년대에 가서는 통일교가 또 한창 득실거리더니 80년대에 가서는 여호와증인들이 또 난리를 치더니 요즈음은 신천지라는 종파와 하나님의 교회라는 이단들이 대 난리를 치면서 가정을 파괴하고 기존교회를 무너뜨리고 참신한 성도들을 유린하여 혼란에 빠뜨려서 지옥자식 만들고 있는데도 한국교회는 이렇다 할 대책도 없거니와 그들을 잡아 가두어 놓을 구속력을 가진 법적 근거를 만들어 놓지를 못하고 있으니 이단들이 난리를 치고 교회를 무너뜨려도 속수무책인 것이 한국의 현주소인 것이다.

거기에다가 한국교회를 대표로 하는 기구 단체들은 기회만 있으면 분쟁을 일삼고 있고 하나가 되지 못하여 방향을 잡지 못하고 있으니 이단들은 이틈을 이용하여 자기들이 살판났다고 더욱 날뛰고 있지를 않는가?

교회부흥이라는 명목 하에 숫자증가를 내세워서 대형교회를 자랑하고 있는 사이에 이단들은 흔들리지 않는 이상한 교리를 가르쳐 기존교회 성도들을 유린해 가는데도 마치 '닭 좇던 개가 지붕만 쳐다본다.' 라는 속담처럼 가만히 앉아서 당하고만 있어야하는 한국의 교회는 진정 '이단 천국' 이라고 말해도 틀린 말은 아닐 것이다.

더구나 이단들은 한결같이 외형적으로 '세계평화기구'에 가입하여 일반 사회인들에게 호감을 갖게 하고 정부에 아부하여 방패막이를 만들어놓고 기존교회를 흔들고 있는데도 7만 교회를 자랑하고 있는 한국교회는 극소수에 불과한 이단들에게 여지없이 물리고 찢기고 상처를 입고서 혼비백산을 하고 있어야 되는 한국 교회는 어떻게 하면 좋을는지 생각하면 할수록 가슴만 답답한 심정이다.

본인더러 대안을 말하라고 한다면 나는 이렇게 대답하고 싶다. 한국에 있는 이단대책협의회에서 이단이냐 삼단이냐 판가름만 할 것이 아니라 이단이라고 하는 교단들의 실체와 교리를 정밀히 연구해서 그 교리에 대변할 수 있는 교재와 교육을 통하여 전국 교회가 일제히 그 교육을 받게 하는 동시에 이단들을 분별하는 방법을 알게 하여 대적하는 운동을 벌이면 어떠할까 하는 생각이다.

꿀벌 이야기 (1)

꿀벌에게는 여왕벌이 있다. 벌들은 이 여왕벌을 중심으로 하여 한 집단을 이루게 되는데 그 수가 무려 약 삼만 마리에서 오만 마리까지 형성한다고 한다. 그런데 그 여왕벌이 되는 과정은 재미가 있다. 꿀벌을 치는 전문가의 지식을 참고해서 말하면 다음과 같다.

여왕벌이 되는 것은 그 종자가 따로 있어서 되는 것이 아니라 일반 같은 종류의 벌이 '로얄제리'를 먹고 자라면 그는 여왕벌이 된다는 것이다. 다시 말해서 '로얄제리'를 안 먹었으면 일벌이 되는 것이고 '로얄제리'를 먹었으면 여왕벌이 된다는 것이다.

기독교의 진리가 여기에 있다. 세상에는 수많은 사람들이 있다. 그 사람들은 하나님 앞에서 모두가 다 죄인으로 태어난다. 그런데 그 죄인이 예수 그리스도를 구주로 믿고 받아들이면 누구든지 하나님의 자녀가 되는 권세를 얻게 되지만 예수 그리스도를 구주로 믿지 않고 받아들이지 않으면 죄인의 모습 그대로 있게 되는 것이다.

이 글을 읽고 있는 당신도 예수 그리스도를 당신의 구주로 믿고 받아들여 하나님의 자녀가 되기를 간곡히 부탁하는 바이다.

꿀벌 이야기 (2)

꿀벌에게는 여왕벌과 일벌이 있다. 여왕벌은 수명이 약 3년 이상을 사는 반면에 일벌은 수명이 약 90일을 산다고 한다. 그러던 중 꿀벌 주인이 꿀을 더 많이 수확하기 위해 묘술을 쓰게 되면 일벌은 수명이 단축되어 80일 정도밖에 못 사는 경우도 있다고 한다. 일벌들은 하루 한시도 쉼 없이 꿀을 물어다가 벌집에 채우게 되는데 그 벌집에 꿀이 다 찰 때까지 쉼 없이 일을 한다는 것이다. 자기 몸은 일에 시달리고 지쳐서 죽는 줄도 모르고 말이다.

그러다가 벌통에 외부의 물체가 침입하게 되면 만사를 제쳐놓고 일단 우선으로 여왕벌을 감싸고 보호를 하며 싸울 준비를 한다는 것이다. 이처럼 꿀벌의 충성은 가히 말로다 표현할 수 없는 지극한 충성이라고 말할 수가 있겠다.

그런데 사람들은 그렇지가 않은 것 같다. 충성을 하는데도 이해타산을 따지고 있고 일을 하더라도 이해타산을 따져서 자기에게 조금이라도 손해가 나는듯하면 아예 거두절미 해버리고 마는 것이 인간인 것이다.

어쩌면 꿀벌만도 못한 인간이 많은 듯한 세상이다.

꿀벌 이야기 (3)

꿀벌에게는 여왕벌이 있다. 그런데 여왕벌이 교미를 하는 데는 여느 짐승과는 판이하게 다른 것이 흥미롭다.

예를 들어 일반짐승들이 교미를 하기 위해서는 땅 위에서 자기들이 좋아하는 것들과 함께 사랑을 나누며 짝짓기를 하는데 꿀벌은 좀 특이하다. 여왕벌이 발정기가 오면 일단 밖으로 나간다. 그러면 수벌들이 여왕벌과 교미를 하기 위해 함께 밖으로 나간다. 그러면 여왕벌은 공중을 향하여 힘차게 날아 올라가게 되는데 이때에 수벌들도 여왕벌을 따라서 함께 공중에 오르게 된다.

여왕벌이 하늘높이 오르게 되면 힘이 없는 벌들은 도중에서 모두 다 포기하고 마지막까지 따라 오른 벌하고 공중에서 짝짓기를 하게 된다. 그리고는 왕과 함께 짝짓기를 한 수벌은 목숨을 거두게 되고 여왕벌은 내려와 다시 자리를 잡고 왕 노릇하면서 알을 낳게 된다.

왕은 왕답게 힘이 있는 것의 씨를 통해 힘이 있고 건강한 후손을 남기게 되는 것이다.

상기해야 할 것

성경에 보면 하나님께서는 이스라엘 백성들을 애굽의 노예생활에서 그의 크신 능력으로 해방을 시키신 다음에 광야를 지나게 하시고 가나안 땅에 들어가게 하시면서 여러 가지 많은 기적과 능력을 나타내 보이셨다. 그리고는 지도자들에게 부탁하시기를 “이러한 일들을 대대 적으로 자손들에게 상기할 수 있도록 가르치라”고 말씀하고 계신다.

인생은 상기해야 될 것들이 무수히도 많게 된다. 하지만 꼭 잊지 않고 상기해야 될 것이 있다.

첫째는 인생으로서 자신을 낳아주신 부모님의 은덕을 잊어서는 안 되며, 둘째는 성도로서 자신이 죄와 사망가운데서 구원받게 된 것을 잊어서는 안 되고, 셋째는 국민으로서 나라의 기념일과 절기를 잊어서는 안 된다. 그리고 세상을 살아가는 사람으로서 이웃에게 받은 은혜를 잊어서는 더더욱 안 된다.

이러한 것들을 상기하며 인생을 살아가게 된다면 자신은 인격적인 사람이 될 것이고 부모에게는 효자가 될 것이며 성도로서는 신령한 성도가 되고 국민으로서는 애국자가 될 것이며 사회적으로는 모범이 되는 사람이 될 것이다.

감리교회네

주일날 예배를 드리기 위해서 준비하다가 그날따라 왠지 안내하는 곳을 가고 싶은 충동이 일어나서 얼른 옷을 입고 교회현관 앞으로 갔다. 안내원과 인사를 나누고 이러저러한 이야기를 하고 있는데 처음 보는 분이 교회를 찾아왔다. 반가움에 얼른 인사를 하면서 "어서 오세요 반갑습니다."하고 고개를 들려고 하는데 교회간판을 바라보더니 '감리교회네' 하면서 그냥 되돌아서 다른 곳으로 갔다.

그 시간은 예배시간이 임박해오고 있었는데도 교파가 다르다고 예배시간이야 늦거나 말거나 그냥 뒤돌아서 가는 그분을 바라보면서 목회자로서의 생각이 너무도 많은 혼돈을 가져오고야 말았다.

분명 이곳으로 새로 이사를 오신 분 같은데 자기가 다니던 교단과 소속이 다르다고 예배시간이 늦더라도 그 곳을 찾아가서 예배하려는 소속감의 열정은 칭찬해야 되겠지만 그렇다고 이단도 아닌 건전한 교단과 목회자로서 알아보거나 들어보지도 않은 채 무조건 교파가 다르다고 뒤돌아서 가야만 하는 그 사람은 "진정으로 예수님을 만난 사람이 맞을까"라는 의구심마저 가지게 했다.

그렇다 내가 먼저 회개하자

수요일 저녁예배에는 연속으로 성막과 절기를 강해하며 설교를 하고 있었다.

그러던 어느 날 저녁 예배 시 절기설교를 하다가 "현실의 성도들은 절기의 주인공이 되시는 예수님을 진정으로 감사하지 못하고 돈 몇 푼으로 바꾸려고 하는 것을 회개해야 합니다."고 했더니 순식간에 성도들의 표정이 어두워지면서 분위기가 딱딱해지더니 '기분 나쁜 표정'들을 하고 있었다.

너무나 당황이 되어 다시 한 번 큰 소리로 "회개하라는데 왜 기분이 나쁩니까?"라고 소리를 치고는 얼른 예배를 마무리하고 마쳤다.

그런데 그 다음날 들려오는 소리가 나를 경악케 했다. "아버지가 회개를 안 하는데 자식들이 어떻게 회개를 해"하면서 성도들끼리 말들을 주거니 받거니 했다는 것이다. 너무도 기가 막혀 그 날 밤엔 한잠을 못자고 강단에서 주님께 엎드려 기도하며 뜬 눈으로 밤을 지새우면서 많은 생각을 갖게 되었다.

'성도들에게 비쳐진 내 모습이 고작이것이었나? 이래가지고 어떻게 저들을 살릴 수가 있겠나?', '회개가 없으면 죽는 법인데 어떻게 하면 좋을까?', '이제는 이스라엘 백성들이 모세를 대적했던 것처럼 나를 대적하는 구나'라는 생각을 하며 '그래 내가 먼저 회개하자'라고 결심하며 무릎을 꿇었다.

멋진 크리스마스

평소에 좋지 않은 감정으로 대하고 있는 동료목사가 있었다. 목회업무 차 종종 만나곤 하는데 그럴 때마다 마음이 불편하여 견딜 수가 없었다.

그러던 중 성탄절을 맞이하여 평화와 화해의 중보자 되신 예수님의 오심에 대하여 설교를 준비하는데 자꾸만 그 동료의 얼굴이 스쳐가면서 가슴이 답답하며 큰 한숨만 연달아 나왔다.

'너는 동료를 미워하면서 어떻게 평화의 왕으로 오신 예수님을 전할 수가 있단 말인가? 이 위선자야!' 라고 자책을 하며 있자니 더욱 마음이 슬퍼지고 괴로워서 견딜 수가 없어서 용기를 내어 단단히 결심을 하고는 과일을 한 박스 사들고 동료목사를 찾아갔다.

두 사람은 마음을 다 털어놓고 화해를 하며 부둥켜 않고는 평화의 왕으로 오신 예수님을 생각하면서 엉엉 울고 나니까 그렇게 마음이 가볍고 말로 표현할 수 없이 날아갈 것 같았다.

성탄절 날 예배 때에 그 내용의 설교를 했더니 성도님들이 모두 다 큰 은혜를 받아 그 해의 성탄은 멋진 크리스마스이었다.

3.1 정신을 되살리자

중국 상해에 가면 우리나라가 일제의 속박 속에서 허덕일 때 나라를 세우기 위해서 임시정부를 만들어 그 곳에서 초대대통령을 세우고 국무요인들도 세워서 대한민국을 건국했던 곳이 아직도 남아있다.

주변은 시대의 발전 속에 많은 변화를 가져와 호화로운 거리로 장식했지만 70년 전의 대한민국 임시정부자리는 그때의 그 모습을 어렴풋이나마 흔적 속에 찾아볼 수가 있어서 그곳에 가게 되면 저절로 마음이 숙연해 진다.

교통도 지금처럼 비행기타고 훌쩍 갔다 오는 거리가 아님에도 불구하고 상해를 중심해서 만주와 연변을 오가면서 대한독립을 이루어 놓으신 고귀한 선열들의 노고와 그 정신과 헌신을 생각하노라면 저절로 가슴이 뜨거워지고 눈물이 앞을 가리우곤 한다.

비록 관리가 허술해서 그렇게 아름답게 가꾸어 놓지는 않았지만 그래도 대한민국의 역사를 기리기 위하여 지금까지 보존해주신 중국 당국자들에게는 감사한 마음을 어떻게 표현해야 좋을지 모르겠다.

만일에 지역개발이라는 핑계로 흔적도 없이 다 허물어서 현대식 건물로 바꿀 수도 있었겠지만 그러하지 않고 주변은 변하더라도 그곳만은 옛 모습 그대로 한국의 역사를 증명하기 위해 고스란히 남겨둔 것은 우리로서는 참으로 다행한 일이 아닐 수가 없는 사실이다.

우리나라의 담당부처가 그런 면에 좀 더 관심을 가지고 역사성을 살리기 위해 조금만이라도 살펴서 관리감독을 해준다면 비록 외국이라고 하지만 더 멋지고 아름답게 가꾸었을 것이며 길이길이 후손들에게 그 증거를 보여줄 수 있을 것 같은데 아마도 거기까지는 생각이 미치지를 못하는 모양이다.

기미년 3월 1일 파고다공원에서 목이 터져라 외쳐대던 '대한독립만세' 소리는 그냥된 것은 아니다. 그렇게 되기까지는 상해와 만주와 연변에서 불어왔던 대한독립의 기운이 있었기 때문이었으며 그 힘은 결국에 가서 일본을 몰아내게 되었고 우리나라를 되찾게 되었을 뿐만 아니라 이제는 세계 속에 오늘의 대한민국을 건설할 수가 있게 되었다.

금년은 우리나라가 광복70주년을 맞는 해이기도 하다. 역사의 산 증인이 되시는 일본위안부 어르신들은 한 분, 두 분 이 세상에서 떠나가시고 아직도 일본은 허무한 망언을 외쳐대며 거짓을 진실인 것처럼 왜곡시키고 있다.

작금 한국의 젊은이들은 국가관이 뚜렷하지가 않을뿐더러 개인주의와 현실주의와 안일주의에 사로잡혀서 향락과 출세라는 미명에 눈이 멀고 귀가 멀어 가지고는 우리가 일본에 어떻게 대처하여 망언을 그치게 하며 역사의 오명을 벗어버리고 자랑스러운 대한민국의 사람으로 세계에 우뚝서야할는지를 생각도 안하는 것만 같아 매우 안타까운 심정이다.

정치를 하시는 분들도 당파싸움에만 혈안이 높아가지고 자기네 당원들만 잘했고 다른 당원들은 무조건 다 잘못했다는 식으로 매일같이 으르렁대고만 있고 국가에 대한 대처방안은 머리를 맞대고 의논한 적이 한 번도 없으니 어찌 이국의 망언을 그치게 할 수가 있겠는가 말이다.

옛 어른들은 "정신이 살아야 나라가 산다."는 말씀을 자주하셨다. 그래서 돈과 명예보다는 정신을 더 소중히 여겼고, 그 정신을 일깨우기 위해서 정신교육을 엄청나게 힘써 왔던 것을 기억한다. 그때에는 굶주림의 배고픔과 추위와 더위 속에서 잘 입지도 못하고 잘 살지도 못했었지만 윤리와 도덕성과 인간성만큼은 똑바로 가르치고 배우려 했으므로 그래도 한 가닥 예의는 있었고, 도리는 있었으며 애국심은 누구나 다 가지고 있었다.

광복 70년에 우리는 무엇을 기대할 것인가? 지식학문과 건물과 경제지수는 높아지고 있지만 사회는 어지럽혀지고 있고, 인간성은 무너지고 있고, 도덕성은 결핍이 되어 땅에 짓밟히고 윤리는 사기를 치고 있으니 이것이 과연 광복의 기쁨이라고 말할 수가 있겠는가?

마음이 궁핍한자

어느 분의 블로그에서 이런 글을 읽어보았다.

「버는 대로 마구 쓰는 자는 마음이 가난한 자요 벌어도 쓸 줄 모르는 자는 머리가 어리석은 자요 적당히 필요한 만큼 아껴 쓰는 자만이 삶이 윤택한 자다」 이 글을 읽고 곰곰이 생각해 보니 일리가 있어 보인다.

사람이 일하기 싫어서 남의 등이나 쳐서 먹고살려고 허둥대는 사람이 있는가하면 열심히 일해서 번 돈으로 이웃을 위해 아낌없이 베풀며 나눔의 삶을 사는 사람도 또한 있다.

세상에 살면서 마음이 궁핍하게 사는 사람이 어떤 사람인가 하면 자기만을 위해서 돈을 벌고 그 돈을 쓰려고 하고 또 그렇게 사는 사람들이다. 소위 한국의 재벌가라고 하는 사람들을 보면 얼마나 곤고한 인생인가 하는 것을 느끼게 한다.

나라에 떳떳하지 못해 탈세혐의로 은둔생활을 해야 하고 자신에게 마저도 떳떳하지 못해 스스로를 속이면서 살아가야하며 이웃을 향하여는 손을 펴지 못한 채 언제나 가증스런 웃음을 지으며 살고 있지를 않는가?

어쩌면 그 사람들은 어리석은 사람 중에 하나일 것이다.

앨런 베이커가 말한 세 종류의 사람

영국의 수학자인 '앨런 베이커(Alan Baker)' 씨가 사람을 논할 때 동물을 예로 들면서 세 종류의 사람이 있다고 말했다.

첫 번째의 사람은 거미 같은 인생인데 이러한 사람은 자기는 노력도 안하고 가만히 기회만 엿보다가 남을 이용해서 자신의 이득을 갖고 이웃에게 해를 끼치는 사람을 말하고, 두 번째의 사람은 개미 같은 인생으로서 부지런히 일하고 열심히 살지만 이웃을 돌아보지 않고 자기이익만 추구하며 살아가는 욕심 많은 사람을 가리켜서 말하고, 세 번째는 꿀벌 같은 인생인데 그런 사람은 부지런히 일하고 열심히 살지만 자신을 돌아보기보다는 이웃을 위해 유익을 주며 희생과 헌신을 아끼지 않는 사람이라고 한다.

지금 우리가 살고 있는 지구촌은 놀라울 정도로 빠르게 변하면서 발전해가고 있는 반면에 사람들의 생각이 악해지면서 사람을 사랑하는 것을 외면하고 이기주의자들이 많아지고 있다.

바라건대 우리 주변에는 꿀벌 같은 인생들이 더 많았으면 좋겠다.

초점이 분명해야 한다

올림픽을 치르게 되면 우리나라는 큰 기대를 하는 것이 양궁과 사격이다. 그동안 이 두 종목들이 효자노릇을 하여 금메달을 안겨 주었기 때문이다.

그런데 그 선수들이 과녁을 향하여 정조준을 한 다음 방아쇠를 당기고 화살을 날릴 때를 보면 목표물이 분명히 보여야하고 손이 흔들리지 않고 곧은 자세로 실시를 했을 경우엔 정확하게 목표물을 맞히지만 목표물이 흐릿하게 보이고 손이 떨리며 흔들리는 경우에는 여지없이 빗나가는 것을 목격하게 된다.

신앙과 인생의 삶도 이와 같다고 본다. 인생의 삶의 목적과 그 목표는 분명해야 한다. 그 목표가 분명하지 못해 우왕좌왕하며 갈피를 잡지 못하고 무슨 일하나 제대로 성사시키지 못하면서 세월을 보내고 나이를 먹고 연조만 쌓이게 되면 그 인생은 좌절과 슬픔과 불행을 갖게 되는 것이다.

예수께서 이런 말씀을 하셨다. "손에 쟁기를 잡고 뒤를 돌아보는 자는 하나님나라에 합당치 아니하니라 하시니라(누가복음 9:62)"

인간 볼트

세계적으로 단거리 달리기선수로서 가장 빠른 사람은 자메이카 출신인 '우사인 볼트 (Usain Bolt)' 라는 사람으로 알려져 있다. 그는 멕시코의 리우올림픽 100미터 달리기 경주에서 9초를 조금 넘는 빠른 속도로 달려서 '인간 한계를 뛰어 넘는 기적의 사람' 이라는 별명을 가지게 되었다.

그는 리우 올림픽에서 달리기 3관왕이라는 영예를 갖고 금메달을 목에 걸고 그 영웅심을 자랑하게 되었는데 그가 그렇게 달리기를 잘하게 된 동기에는 기가 막힌 사연이 곁들어져 있었다.

그가 자라나는 시절에 학교를 다니게 되었는데 집에서 학교까지는 거리가 꽤나 먼 거리였다고 한다. 그는 등교시간을 늦지 않기 위해 매일같이 뛰어서 등교를 하게 되었는데 그렇게 수년을 지나고 보니 자연적으로 달리기를 잘하게 되더라는 것이다.

그 후 그는 달리기를 즐겨하면서 계속해서 뛰었더니 오늘에 이르러 세계적으로 달리기를 잘 할 수가 있게 되었고 올림픽에서 금메달의 면류관을 목에 걸 수가 있게 되었다고 한다.

지금하고 있는 작은 일들이 당장은 눈에 보이는 것이 없을지 모르지만 언제인가는 큰일을 이룩하는 디딤돌이 될 수 있을 것이다.

좋은 것을 거절하다니

이스라엘 백성들이 애굽에 노예생활을 하고 있었을 때 하나님께서는 모세를 지도자로 세워서 하나님의 강한 손으로 능력을 베푸셔서 애굽의 왕 바로가 항복을 하게 하신 다음 이스라엘 백성들을 출애굽 시키셨다.

노예가 해방을 갖게 된다는 것은 그 시대에선 꿈에도 꿀 수 없는 처지였지만 하나님께서는 일찍이 아브라함에게 약속하신 것을 지키시기 위해 그 일을 이루셨던 것이다.

그리고는 홍해바다를 갈라서 길을 만들어 건너게 하셨으며 광야를 지나는 동안에 농사를 짓지 않고 수고를 하지 않더라도 그들이 먹고살아 갈 수 있는 양식이 매일 아침마다 들녘에 내려서 그들로 하여금 배불리 먹게 하셨다.

그런데 그들은 매일같이 똑같은 것을 먹어서인지는 모르겠지만 어느 날부터인가는 그 좋은 것을 마다하면서 투정하고 싫어하면서 오히려 그것을 공급해 주시는 하나님께 감사하기는커녕 원망하며 대적하기에 이르렀다.

이러한 모습을 보신 하나님께서는 그들을 진노하시게 되었고 결국에 가서는 그들에겐 불행을 가져오게 되었다.

광야에서 매일같이 먹어야 했던 그 양식은 광야생활을 하는 그들에게는 없어서는 아니 될 가장 좋은 것이었다. 그런데 그들은 그것을 거절하고야 말았던 것이다.

추억의 크리스마스

크리스마스가 되면 옛날 생각이 주마등처럼 스쳐간다. 내가 처음에 교회에 나갔던 60년대 초반의 크리스마스는 대단히 요란했었다. 거리와 교회들은 확성기에다가 캐럴송을 틀어주면서 12월초부터 추리를 만들어 알려주었고 24일 전야제에는 온 동리사람들을 교회에 초청하여 마치 무슨 경사라도 난 것처럼 불신자이든 신자이든 상관없이 한데 어우러져 축하공연을 하곤 했었다.

그리고는 25일 새벽 송을 돌면서 이 집 저 집, 이 마을 저 마을에 다니면서 성탄 찬송을 불러가며 예수님이 오신 날을 알려주었다.

그런데 작금에 와서는 그러한 모습을 전혀 볼 수가 없는 형편이다. 조용히, 조용히 하면서 모든 행사를 중단하고 소음공해라는 이유로 거리에는 캐럴송을 들을 수가 없고 교회들마저 성탄의 상징이 되는 추리마저도 보기조차 어려울 뿐만 아니라 설사 만든다 해도 성탄일을 며칠 앞두고 겨우 마지못해 모양을 꾸미는 것으로 족하게 여기고들 있다.

아마도 예수님이 오신 날이 별로 기쁘지 않은 모양이다.

죽음이 없는 부활

필자는 평소에 교회에서 매주 사용하고 있는 주일날의 순서용지는 교회에서 정해져있는 주보용지를 사용하고 있다.

그러던 중 절기 때가되면 색다른 분위기를 조성하기 위해 그 절기에 맞는 주보용지를 기독서점에서 구입하다가 사용하곤 했었다.

그런데 필자가 머물고 있는 지역의 서점에서 고난주일에 사용하기 위해 고난주일에 맞는 주보용지를 구입하려고 했지만 그러한 제품을 구입할 수가 없었다. 내가 알고 있는 서점 몇 군데를 다녀보아도 역시 고난주일에 사용하기에 적합한 용지를 구할 수가 없었다.

지난해에도 고난주일 주보용지가 없었던 차라서 서점 주인에게 그 연유를 묻게 되었다. 그런데 서점의 주인은 아무렇지도 않다는 듯이 빙그레 웃으면서하는 말이 "요즘은 고난주일을 위한 주보용지가 나오지를 않아서 비치를 못했고 부활절을 위한 주보용지만 있다."는 것이었다.

그때 나는 혼자서 곰곰이 생각을 해 보았다. 고난주일을 위한 주보 용지가 찾는 사람이 적으니까 수지가 안 맞아서 인쇄소에서 펴내지를 않아서 그런 것인지 아니면 서점에서는 사용자가 적으니까 비치를 안 한 것인지 고민하다가 둘 다 맞는 것으로 간주한다면 '이러다가는 우리 한국교회의 신앙관이 큰일 나겠구나'라고 생각하며 혼자 씁쓸히 돌아와서 그와 비슷한 용지로 순서를 기록하여 주일을 지켰다.

부활절은 하나님의 아들 예수님께서 세상의 모든 사람들의 죄 값을 대신하기 위하여 대속 제물로 십자가에 죽으시고 무덤에 삼일동안 계시다가 죽은 자 가운데서 하나님의 능력으로 그 무덤을 헤치시고 다시 살아나신 날을 기념하여 지키는 날이 부활절이다. 그러므로 기독교에서는 이 부활절을 가장 성대하게 지키는 절기 중에 하나이기도 한 것이다.

그 이유가 무엇인가? 예수님의 부활을 사실로 믿는다면 예수님은 영원히 죽지 않고 살아 계신 분이심을 확증하는 것이고, 이 예수를 믿는 사람들도 비록 이 땅 위에서 죽음을 갖는다 해도 예수님처럼 부활하여 예수님처럼 영원히 살 것을 믿기 때문이며, 또한 부활을 믿고 산다면 예수님은 죽음을 이기신 분이시므로 예수님을 믿는 사람도 죽음을 이길 수 있게 되므로 죽음을 두려워하지 않고 그 죽음을 맞이하게 될 뿐만 아니라 어떠한 위기에 처하게 된다고 하더라도 부활의 신앙의 힘으로 그 위기를 극복할 수 있는 사람이 되기 때문이다.

그러나 그렇게 위대하고 영광스러운 부활도 '죽음'을 갖지 않으면 안 된다는 사실이다. 예수님께서 죽지 않으셨다면 그 부활은 없었을 것이 사실이 아니겠는가?

그런데 예수님의 십자가 죽으심은 영광스러운 부활을 위한 죽으심인데 온 인류의 죄 값을 치르기 위하여 희생 제물로 드려진 죽음으로써 이 사실을 믿는 사람들마다 자신들의 죄 값이 이미 청산되었으므로 영원한 형벌과 사망의 문제가 해결된 자들이 된 것이다.

이러한 사실을 믿는다면 예수님의 죽으심을 기념하는 고난주일은 참으로 의미 있는 날이기도 하며 절대적으로 외면하거나 소홀히 여겨서도 안 되는 날이기도 한 것이다. 그러한데 어찌하여 부활절은 성대하게 지키면서도 고난주일은 소홀하게 지내려고 하는 양상은 오늘날 우리 한국교회의 신앙상태의 현실을 직시하고 있는 것이다.

그래서 그런지는 모르겠지만 현실 한국교회 성도들의 신앙생활을 점검해보면 고난을 감수하면서까지 신앙생활을 하려고 하지도 않거니와 십자가희생의 사랑과 그 보혈의 은혜의 감격을 알지 못한 채 교회를 다니고 있고 신앙생활을 하고 있는 것 같아서 마음이 안타까운 심정이다. 예수님께서는 제자들에게 하신 말씀 중에 "자기 십자가를 지고 나를 좇지 않는 자도 내게 합당치 아니하니라(마태복음 10:38)."고 말씀하셨고, 마태복음 16장 24절에서는 "이에 예수께서 제자들에게 이르시되 아무든지 나를 다라 오려거든 자기를 부인하고 자기 십자가를 지고 나를 좇을 것이니라."고 말씀하셨다.

이러므로 부활의 영광을 기대한다면 그 보다 먼저 십자가에서 희생하신 예수님의 은혜를 깊이 되 새겨야 될 것이다.

더도 말고 한가위만 같아라

'더도 말고 한가위만 같아라.' 라는 말이 있다. 한가위는 그렇게 풍요롭고 넉넉하며 즐거웠기 때문이다.

어렵던 시절에는 삶을 위해 고향을 떠나서 타향살이를 하던 사람들이 그리운 고향으로 돌아가 가족들이 한자리에 모여 송편을 만들고 부침개를 부치고 서로가 위로하며 활력을 되살려 가지고 또 다시 삶의 현장으로 향했던 것이 우리나라의 고유 명절이었다.

그런데 어느 때부터인가 한가위는 변질이 되어가지고 고향을 찾는 것이 아니라 외국을 향해가고 있고 서로가 위로하며 활력을 소생시키는 것이 아니라 스트레스만 받아가지고 갈등 속에 싸우고 원수를 맺고 돌아가는 것이 되고야 말았다.

잘사는 형제는 어려운 형제를 돌아봐 주고 어려운 형제는 잘사는 형제를 통하여 위로를 받아야 되는 것이 아름다운 일임에도 불구하고 지금은 같은 형제끼리임에도 서로 시기와 질투를 하며 격분하여 의리를 상하고 돌아서는 것이 명절에 일어난 일들이 아니던가 생각이 든다.

말에 의하면 우리나라는 명절을 지난 후에 이혼율이 가장 많고 외국은 휴가철이 지난 후에 이혼율이 가장 많다는 정보가 있다. 금년 한가위는 이름 그대로 즐거운 명절이 되었으면 좋겠다.

크리스천이 자살을 하다니

지난 2016년 8월 26일 롯데그룹의 부회장이었던 '이인원' 씨가 회사 돈 6,500억 원가량의 비자금 문제로 인하여 경찰의 조사를 받다가 어떤 곤란한 위기에 처해지자 자신만 없어지면 모든 문제가 해결이 되겠거니 하고 자살을 선택했던 사건이 있었다. 그런데 그가 죽으면서 남긴 유서에는 "자기는 아무런 잘못이 없다. 결백하다."라고 기록했다는 것이다.

그런데 더욱 놀라게 하는 것은 그분은 서울에 있는 어느 대형교회의 '장로' 였다는 것이다. 장로가 어떻게 자살을 했을까? 아무리 생각을 해도 용납이 되지 않는 질문이다. 적어도 장로의 신앙이라면 어려운 일이 닥치면 그 문제를 가지고 하나님 앞에 나아가서 하나님께 엎드려 기도하면서 하나님의 도움을 구했어야 되는 것이 아니었겠는가?

그리고 사람이 자살해 죽으면 죽어서 그 영혼이 지옥에 간다는 것을 기독교인으로서 그는 진정으로 모르고 있었는가? 과연 그는 진정으로 예수님을 만났으며 예수님을 모시고 살았던 장로였을까?

오늘날 교회들이 믿음이 있거나 없거나 사회의 고위직분을 가지면 그들에게 교회의 귀한 성직을 부여해서 자기네 교회를 부각 시키려는 목사들의 횡포가 보여준 결과가 아닌가? 라는 질문을 던져본다.

시: 고향에 돌아와서

앞산 중턱에 걸터앉은 둥근 보름달
추석맞이 하는 이들에게 기다리는 귀인이 되어
어둔 밤을 환하게 비추어서는
잊었던 고향 소식을 전하려 주려하여
지나간 날들
무슨 사연이 그리도 많기에
말할 듯 말할 듯 할 말을 못하고
서러움을 웃음으로 바꾸어 방실방실 웃고 있다

둥글다 못해 광채만 어려 있어
타향살이 몸에 배이어 고향을 잊은 채로
다정하던 옛 친구들 아랑곳없이
살같이 빠른 광음 잡아 놓을 수 없어 멀리 보내고
어느덧
두 눈가의 잔주름이 세월을 말해주듯
총총 둥근 달만이 그 얼굴에 낯을 익힌다

고요한 적막에 매혹이 되어
가끔 스쳐가는 바람결에 살랑이는 갈대들이
저 멀리 잔뜩 가두어놓은 저수지의 물결위에
춤을 추면서 고향의 향수에 젖어
침묵에 잠겨있는 내 마음을 달래어 주려한다

정절(挺節)의 정신

북유럽에 사는 '흰 담비(an ermine)' 라는 동물이 있다. 이 동물은 흰털이 아름답기로 유명하다고 한다.

흰 담비는 본능적으로 자신의 털을 더럽히지 않으려는 강한의지를 갖고 있는데 그래서 사냥꾼들은 이 속성을 이용하여 흰 담비를 잡는다고 한다.

그 방법을 보면 먼저 흰 담비가 사는 입구에 새까만 숯검정을 칠해 놓고는 숲 속에서 놀고 있는 흰 담비를 굴속으로 몰아넣는다. 그러면 굴 입구에 다다른 흰 담비는 자신의 흰털을 더럽히지 않기 위하여 새까만 숯검정이 묻어 있는 굴속으로 들어가지 않고 차라리 사냥꾼에게 잡히는 죽음을 택한다고 한다.

자신을 더럽히지 않으려는 흰 담비의 정신은 현대를 살아가면서 '정절' 이 무엇인지를 모르는 인생들에게 큰 교훈을 주고 있다.

국민에게는 민족절개가 있고, 사람에게는 육체의 정절이 있다면 신앙인에게는 믿음의 절개가 있는 것이다. 현대를 가리켜서 '개성시대' 이니 혹은 '개방시대' 이니 하고 야단들이지만 그래도 지킬 것은 지킬 줄 아는 것이 인격을 가진 사람들의 사회요, 정신인 것이다.

정신을 사라

중국 상해에 가면 어느 자그마한 공원이 있다. 정문을 막 들어서면 직선으로 분수대가 보이고 오른쪽으로 가면 조각 공원이 있는데 그 공원입구에 인도의 성자라고 불리 우는 '간디'의 흉상이 우뚝 자리 잡고 있다. 그리고 길을 따라서 그 안으로 들어가노라면 여러 가지 조각들을 구경할 수가 있게 된다.

그런데 중국 상해에 왜? 인도사람인 '간디'의 흉상조각을 세워 놓았을까? 그 의도는 당국의 책임자에게 물어보아야 알 일지만 은유적인 입장에서 보면 아마도 중국인들은 인도와의 우호적 관계에서 그 흉상을 세웠을 것이라고 말하겠지만 내 생각으로써는 '중국인들이 간디의 정신을 본 받아서 나라를 살리고 일으키기를 열망하는 가운데 세우지 않았을까?' 하는 생각이다.

정신은 모든 것을 좌우하는 원동력이다. 옛 성인의 말씀에 '정신일도하사불성' 이란 말이 있다. 우리나라가 일본의 손아귀에서 36년의 세월을 빼앗겼다가 독립을 하여 나라를 다시 세우게 되었는데 6.25라는 동란을 통하여 나라는 초토화가 되고야 말았다. 그때에 온 국민이 부르짖었던 말이 있다. 그것은 「정신이 살아야 나라가 산다」라는 슬로건이었다.

현대판 발람 선지자

구약성경 민수기에 보면 모압왕 발락이 이스라엘 백성을 저주하기 위해 발람선지자를 데리러 고관들을 보낸다. 그러면서 그를 존귀하게 해주고 높여주며 금은보화를 많이 주겠다는 조건을 제시한다.

이 말을 들은 발람 선지자는 하나님의 사자가 나타나서 가는 길을 막았음에도 불구하고 고관들을 따라 모압에 갔고 그는 극진한 대접을 받게 된다. 그런 다음 발람 선지자는 바알브올 신당에 가서 제단을 쌓고는 이스라엘을 저주하기 위해 하나님의 뜻을 기다리는데 하나님은 세 번씩이나 이스라엘을 축복하게 하신다.

화가 난 발락왕이 저주도 말고 축복하지도 말라고 말하자 선지자는 모든 것을 말하고는 고향으로 돌아온다.

작금에 있어서 발람과 같은 목사들을 보게 된다. 명예와 권세와 부귀영화에 눈이 멀어서 하나님께서 싫어하시고 말리시는 일임에도 불구하고 정부의 앞잡이가 되어 목사의 본분을 상실한 채 교회를 어렵게 만들고 있다. 그러면서도 자신들이 교계를 대표하며 대변자라고 자처하고 있다.

속이 비어있는 가정

5월을 가리켜서 '가정의 달'이라고 한다. 아마도 어린이날과 어버이날과 스승의 날과 근로자의 날이 들어 있어서 그렇게 정하였나보다. 그래서인지는 모르지만 왠지 5월이 되면 어딘가 모르게 마음이 푸근하고 흐뭇해지는 느낌도 들고 마음 한구석에 꽉 차있게 해서 모든 것이 넉넉해지는 것 같은 느낌을 갖기도 한다. 때를 같이하여 자연의 녹음이 지터지면서 싱그럽게 그 향기를 더해주고 있고 푸르른 희망이 가득해 지는 5월은 참으로 좋은 달이기도 하다.

그런데 다른 한편으론 마음을 우울하게 하는 사실이 있다. 그것은 가정이 텅 비어 있다는 것이다. 현대 문명의 발달과 산업사회의 역할로 인하여 사회는 고도로 발달해 변모해가고 있는 현실 속에서 거기에다 맞추며 살아가야만 하는 현대인들은 '가정'이라는 두 글자를 마음에 새길 여가도 없이 바쁘게 쫓기는 인생으로 삶을 엮어가고 있는 것은 사실이다.

'가정'이란 무엇인가? 또한 '가정'은 어떤 곳인가?

가정은 한 남자와 한 여자가 만나서 이룬 것이 가정이요, 가정은 사랑스러운 아내가 있고 든든한 남편이 있고 예쁘고 귀여운 자녀가 있고 더 나아가서 존경스러운 부모형제가 있는 곳이 가정이다. 그리고 가정은 밖에서 잃은 것을 안에서 찾게 하는 곳이 가정이요, 쉼이 있고, 평안을 찾는 곳이 가정이라면 거기에는 이해가 있고, 사랑이 있고, 믿음과 희망이 곁들어 있어서 내가 있고 네가 있는 곳이 가정인 것이다.

그러나 현실의 가정은 어떠한가? '가족'이란 개념조차도 찾아보기 어려울 정도로 이제는 남남으로서의 가정을 꾸려가고 있는 것이 현실이 아니던가? 남편은 아내를 신뢰하지 못하고 있고 아내 역시 남편을 믿지 못해 늘 불안해야할 뿐 아니라 서로가 서로를 믿어주지 못해 의심하면서 경계에 경계를 두고 살아들 가고 있다.

그 뿐이랴!! 부모들이 자녀를 마음대로 훈계를 할 수도 없고 지도도 할 수가 없을 뿐만 아니라 뭐라고 나무라면 아예 폭력자요 살인자로 몰아버리고 있고 늙어가는 부모는 짐이 된다 하여 외면하는가 하면 자식을 낳아놓고 감당할 수 없다며 버리기까지 하는 것이 우리의 현실이다.

얼마 전 모 일간지 신문에 기재된 내용을 읽다가 깊이 생각하게 한 대목이 하나가 있었다. 그 기사에 의하면 앞으로 10년 후인 2025년도쯤에 가게 되면 우리나라는 혼자서 한집에 사는 가정이 20%가 될 전망이란 것이다. 핵가족시대에 접어들어 가족계획이 그 영향의 바탕이 되었고 또한 저 출산과 고령사회에 맞물린 한국의 풍토가 그렇게 만들어 놓는다는 것이었다.

필자가 생각하더라도 우리사회의 진행되어져 가는 변모를 보게 될 때 어쩌면 그리될 수 있을 것만 같다. 그러나 중요한 것은 '그 속에 가정을 세울 수가 없다'는 것이 가슴 아프게 하는 것이다.

가정이란 개념과 가족이란 개념이 점점 더 희박해 질 것이고 자기 개인주의에 만연이 되어서 나 한사람 바로 세우기도 버거운 사회를 갖게 될 것을 보는 것 같아서 마음이 안쓰럽기만 하다. 거기에는 정부의 책임도 회피해서는 안 된다.

다시 말해서 '인권조례' '동성애 허용'과 같은 법은 민주사회로서 환영한다고들 하지만 그러한 것들 때문에 가정이 파괴되고 있고, 가족이 깨어지고 있고, 부모자식이 없어지고 있는 것은 현실에서 필자가 부딪치고 있는 사실이다.

가정은 하나님께서 사람에게 선물해주신 축복의 산물이다. 가정을 통하여 사회를 구성하고 가정을 통하여 나라를 세워가고 가정을 통하여 사람이 존재하는 모티브라면 우리는 가정을 파괴해서는 절대로 안 된다는 것을 명심해야 만 될 것이다.

감시자

내가 거주하고 있는 사택은 교회에서 가장 가까운 곳에 있다. 그래서 기도를 하러 가거나 예배를 드리러 가거나 여러 가지 교회 일을 하기 위해서는 우선순위로 가까워서 좋은 점들이 많이 있다. 그 반면에는 불편한 점들이 많이 있는데 그 중에서는 감시자들이 많이 있다는 것이다.

우선 교회를 감시하기 위한 CCTV가 나의 일거수일투족동작을 감시하며 촬영을 하고 있고 또한 교회주변과 나의 저택주변에 살고 있는 성도들이 나를 감시하고 있다는 것이다.

어느 날은 차를 다른 곳에 주차를 해놓고 볼일을 보러갔다 오다가 주변에 살고 있는 성도님들을 만났다. 그런데 나를 놀라게 하는 한마디의 말이 있었는데 "어디 다녀오세요? 차가 하루 종일 안 보이기에 차를 타고 일찍이 어디를 가셨구나 하는 생각을 하고 있었는데 걸어서 오시네요."하는 것이었다.

그래서 내가 빙그레 웃으면서 "차가 저기에 있는데요."하면서 평소 주차하던 맞은편을 가리켰더니 "아하 저기에 있네요."하며 깔깔 웃으셨다.

곰곰이 생각해보니 '행복한 일인지 불행한 일인지' 어떻게 표현을 해야 좋을지를 몰랐다. 긍정적으로 보면 '관심'인데 부정적으로 보면 '참견' 혹은 '감시'가 되기 때문이다.

양보와 질서

필리핀에 선교 차 갔다가 오게 되면 오히려 여러 가지 많은 것들을 배우고 돌아오게 된다. 그 중의 하나는 거리의 교통문화이다. 필리핀의 큰 도로를 제외하고는 어지간한 거리에서는 신호등을 보기가 드물 정도로 신호등이 없는 거리가 필리핀이다. 그러나 그들은 서로 부딪혀서 교통사고가 나는 것은 극히 드문 일 중에 하나이다.

"그들은 어떻게 운전을 하였기에 교통사고 없이 생활을 하는가?"하고 선교사에게 질문해 보았더니 "그들은 삼거리나 사거리에 도달하게 되면 나중 온 차가 먼저 온 차에게 우선권을 줘서 먼저 가게 한다."는 것이다. 그리고 먼저가려고 서두르는 것이 아니라 상대방을 배려해서 상대방이 먼저 가도록 양보를 하기 때문에 사고가 안 난다" 는 것이다. 그 말을 들었을 때에 운전을 하고 있는 나로서는 좀 부끄러움을 갖게 되었다.

그리고 우리나라는 운전하는 것은 필리핀에 비교했을 때 '후진국' 이로구나 하는 생각을 갖게 되었다. 왜냐하면 우리나라는 상대방을 배려해서 양보하는 것이 아니라 우선 내가 먼저 가려고 차의 앞머리부터 들이대기 때문이다. 그래서 접촉사고와 교통사고를 인하여 시시비비로 다투는 광경을 심심찮게 목격하게 되는데 이것은 양보운전이 없고 질서정신이 없기 때문인 것이다.

영적 치매가 오지 않게 하라

필자의 교회에서는 요양원을 경영하고 있다. 그 곳에는 치매에 걸려 고생하시는 어르신들이 대다수이다. 그들을 바라볼 때마다 '나는 저렇게 되지를 말아야 될 텐데' 하고 걱정 아닌 염려를 할 때가 종종 있곤 한다. 그런데 육적치매도 무섭지만 영적으로도 치매에 걸린 사람들이 많이 있음을 보게 된다. 그런 증상을 열거하면 다음과 같다.

첫째, 육적치매는 기억상실로 인해 최근 일을 기억을 못한다. 심지어 가족도 기억을 못하는 경우가 있다. 영적치매에 걸리면 성도지간에 형제애를 모른다. 담임자도 모르고 자신마저도 모르면서 그저 교회를 다니는 신자를 말한다.

둘째, 육적치매는 과거에 있었던 어느 한 순간을 기억하지만 어제와 방금 전에 있었던 일들을 기억 못한다. 영적치매는 과거에 은혜를 받았던 것만 말하지 최근에 받은 은혜는 깨닫지를 못한다.

셋째, 육적치매는 멋과 아름다움을 모르고 예쁘고 귀한 것을 모른다. 영적치매가 오면 성도가 성령을 통하여 맺혀야 될 열매와 아름다운 것이 무엇인지를 모른다.

넷째, 육적치매는 했던 말 되하고 또 하고 열 번도 더 한다. 영적치매가 오면 옛 구습을 버리지 못하고 회개했다고 하면서 다음날 또다시 반복하는 생활을 계속적으로 이행한다.

샤바트

'안식' 이라는 말은 히브리말로 '샤바트' 라는 말이다 그 말의 의미는 '쉬다, 그치다, 중단하다' 라는 뜻이 담겨 있다.

창세기를 보면 하나님께서 6일 동안 천지와 만물을 만드시고는 7일째 되는 날 안식하셨다. 그런데 왜? 하나님께서 모든 만물을 계속해서 만드시지 않고 창조를 그치셨을까? 라는 질문을 던져보게 된다. 그리고는 하나님께서 '안식' 하셨던 것이다. 그 답은 재미있게도 '하나님의 계획 즉 하나님의 뜻이 완성되었기 때문' 에 안식하셨다.

창세기 2장 1절과 2절에는 '이루니라' '마치니라' 라는 단어가 있다. 그 말은 '칼라' 라는 말인데 '완성하다', '마치다' 라는 의미로써 '계속해서 진행되던 것이 완전하게 다 이루어진 상태' 를 말한다.

이로 보건대 성도의 안식은 언제 오는가? 그것은 성도를 향한 하나님의 뜻이 이루어져서 완성되었을 때에 오는 것이다. 성도를 향한 하나님의 뜻은 각자가 다를 수가 있다. 그것을 깨닫는 자는 복이 있는 사람이다.

그런데 사단 마귀는 성도를 향한 하나님의 뜻을 이루지 못하도록 방해하는 놈이 사단 마귀다. 그래서 하나님의 아들 예수님께서는 "안식일의 주인(마태복음 12:8)"이 되셔서 "하나님의 뜻을 이루려고 오신 분(히브리서 10:7)"이시다.

내가 있어야 되는 원칙

우주에는 '자연법칙'이 있고 '수'자에는 '공식'이란 것이 있다. '수'자는 '0'이라는 제로에서부터 시작이 되지만 행동원칙에는 '차려'라는 부동자세부터 시작이 된다.

그러나 인생의 세계는 '나'로부터 시작이 되어 모든 것이 나와 상관이 있게 되고 나를 위한 것이 되며 나 때문에 존재케 되는 것이 인생이다. 내가 없는 너는 있을 수가 없는 것이고 내가 없는 부귀영화와 명예 따위는 나와는 아무런 상관이 없게 되는 것이다. 그러므로 나는 매우 귀중한 존재이며 가치가 있는 존재가 바로 '나'인 것이다. 그런데 그러한 나는 어떤 나이어야 하는가?

첫째는 신뢰하고 인정할 수 있는 정직하고 진실한 '나'이어야 한다. 내가 나를 인정하고 남도 나를 인정할 수 있는 '나'이어야만 한다.

'자신감'이란 자기 자신이 자기를 인정한다는 뜻이고 남이 나를 인정하게 한다는 것이다. '신뢰'란 '믿음'이란 말과 같은 단어이다. 인정할 수 없는 사람은 신뢰를 할 수가 없고 신뢰를 못하는 사람은 믿어 줄 수도 없게 되는 것이다.

세상은 믿을 수 있는 '나', 인정할 수 있는 '나', 신뢰할 수 있는 '나'로 부터 시작이 되고 진행이 되고 세워져 갈 때에 행복한 세상이 되는 것이다.

세월은 잡을 수가 없다

성 프란치스코가 임종을 맞게 되었을 때의 이야기다.

한 제자가 오더니 "선생님 지금 돌아가시면 안 됩니다. 한 10년만 더 사시다가 돌아가십시오."라고 했다.

이 말을 들은 프란치스코는 잠잠히 눈을 감고 있었다. 그러자 다른 한 제자가 들어오더니, "선생님 1년만 더 사시다가 돌아가셨으면 좋겠습니다."

이 말을 듣고 있던 프란치스코는 역시 고요히 눈을 감고 아무 말 없이 누워있었다.

그 후에 또 다른 제자가 들어오더니 프란치스코를 붙잡고 애원하듯이 하는 말이, "선생님 하루만 더 사시다가 돌아가셨으면 좋겠습니다."라고 말을 하자 프란치스코가 눈을 뜨고 그 제자에게 물었다.

"왜 하루만 더 살기를 원하느냐?"

그 제자가 하는 말이, "예 선생님하고 예배를 드리고 싶습니다."

그러자 프란치스코는 말없이 고개만 끄덕거리더니 이내 죽고야 말았다고 한다.

가는 세월은 잡을 수가 없는 것이고 죽음은 막을 수가 없는 누구나 다 겪어야만 되는 운명인 것이다. 그러므로 지금 잘 살아야만 된다.

잘 살아가야 할 텐데

사람이 살아가는 방법은 각 사람마다 다른 것을 보게 된다. 사는 목적도 다르고 삶을 지향하는 것도 각자가 달라서 그 어떤 것을 기준하여 '이것이다' 라고 정의를 내리기는 곤란한 것 같다. 그러나 보편적이고 공통적인 것은 너, 나를 막론하고 누구나 다 공감대를 이루면서 가져야 될 것이 있는 것은 분명한 사실이다.

내가 알고 있는 지인이 어느 날 나에게 찾아와서 한숨을 길게 내 쉬고는 이렇게 푸념을 털어놓았다. 내용인즉 한마디로 요약하면 '살기가 너무 힘들고 어렵다' 는 것이었다.

그 원인은 돈이 없어서가 문제가 아니라 지금 살고 있는 우리 사회를 헤쳐 나가기가 힘이 들고 또 그것과 같이하여 옆에 함께 동거하는 사람들 때문에 더욱 힘이 든다는 것이었다.

사회는 견디면 될 수도 있겠지만 옆에 함께 있는 사람들은 맞추며 살아가야 하기 때문에 더욱 더 힘에 겹다는 것이었다. 어쩌면 그 말이 맞는 것 같기도 하다.

사회를 적응하기보다는 사람의 수준과 생각을 맞춘다는 것은 보통노력을 기울이지 않으면 이룰 수가 없는 일이기 때문이다. 잘 살고 못 사는 이유도 여기에서 비롯되지 않는가 생각이 든다.

상대방이 나보다 더 이상적이거나 더 수준이 높은 사람이라면 따라가기가 어려울 것이고 반대로 나보다 더 이상과 수준이 이하일 경우에는 그 사람에게 맞추어주기가 보통 역겨운 것도 또한 아니기 때문이다.

다시 말해서 잘난 체하기도 힘이 들지만 바보노릇 하기도 또한 힘이 든다는 것이다.

그렇다고 해서 나에게 꼭 맞는 사람이 세상에 그 어딘들 있겠는가? 나에게 꼭 맞는 사람은 이 세상에 한 사람도 없는 것이다. 그저 맞추며 살아가는 것이 인생이 아니겠는가?

성경을 보면 하나님께서 사람을 찾아 오셨다. 그런데 놀라운 사실은 그 보이지 않으시는 하나님(신)이 보이는 사람의 모습으로 오셨다는 사실이다. 그분이 예수 그리스도이신 데 그 이유가 무엇이겠는가? 그것은 사람과 소통하시기 위함이시고 사람을 만나주셔야 되겠기에 그렇게 하셨던 것이다. 그리고 그 사람과 동행하시면서 함께 일하시고 함께 역사하시고 함께 영광을 나타내 보여 주신다.

그 뿐만이 아니라 어렵고 힘들 때에는 그 사람에게 위로와 힘이 되어주시지만 기쁘고 즐거울 때에는 함께 즐거워해 주시면서 모든 생사고락을 같이해 주시는 분이 예수 그리스도이시다. 그런데 이러한 사실을 잘 알고 있는 사람들은 자신을 비워놓고 그분을 앞세우면서 그분이 모든 것을 '리더'하시도록 하기 때문에 행복한 삶을 살아가지만 그분을 잘 모르는 사람들은 자신이 앞서서 모든 것을 '리더'하고 그분을 외면하고 무시하다 보니까 어려운 세상을 힘들게 살아갈 뿐만 아니라 불행한 삶을 엮어

가는 것을 볼 수가 있게 된다.

이스라엘 나라의 두 번째 왕인 '다윗'이란 분이 계셨다. 그 왕은 일찍이 하나님의 임재를 깨닫고는 늘 그분과 함께 동행 하시는 삶을 살아가셨다. 소년시절에 부모님 슬하에 있을 적에도 그러했지만 성년이 되어서 군에 입대해 있을 때에도 그리 했었다. 그러므로 다윗은 특히 전쟁을 하러갈 때에는 더욱 더 그분을 의지하면서 그분의 지도를 받으며 그분과 함께 전쟁을 치르게 될 때에 백전백승을 거둘 수가 있게 되었다.

하나님께서는 다윗을 향하여 이렇게 말씀하셨다. "내가 이새의 아들 다윗을 만나니 내 마음에 맞는 사람이라 내 뜻을 다 이루리라(사도행전 13:22)"

잘 살아가는 방법이 무엇일까? 그것은 서로 서로가 맞추며 살아가는 것이다. 안 맞으면 맞추려고 노력하고 애를 써서 맞도록 하는 것이 잘사는 방법이다. 작금에 있어서 한국의 국회와 정무요인들도 그렇게 했더라면 우리나라는 더 잘 살수가 있었을 것이다.

남강(南岡) 이승훈(李昇薰)

평안북도 정주 오산학교 서쪽 야산에 세워진 비석에 이런 글귀가 있다고 한다. "일생을 남을 위해 살았고 자기를 위해서는 아무것도 한 것이 없는 사람"이 비석의 주인공은 '남강 이승훈 선생' 인데 그분은 오산학교를 세운 설립자이다.

그가 학교를 건축할 때의 어느 날 건축하던 일꾼이 찾아와서 기와가 모자란다고 하자 "내 집의 기와를 떼어다가 학교를 지으세요."라고 말을 했다고 한다. 그는 오산학교를 위해 재산을 다 팔아서 학교를 세우다가 그것도 모자라니까 부엌세간까지 팔아서 학교를 이루어 가는 희생정신을 보여준 분이시다.

그 분은 몸소 사랑과 희생정신을 모범으로 보여주신 분이신데 한번은 어느 추운겨울 날 오산학교 변소에 얼어붙은 오물을 교장인 자신이 먼저 도끼로 깨고 청소하는 솔선수범을 보일뿐만 아니라 학생들과 교직원들에게 청결관념을 철저하게 가르쳤다고 한다.

그는 평생을 청빈하게 살면서 늘 하는 말이 "겨레를 위하여 걸레질하는 마음을 잃지 말자"라고 말했다고 한다.

아름다움의 자랑

구약성경 아가서 1장 5절과 6절에 보면 술람미 여인이 자기의 약점이자 장점을 고백하고 있다.

"예루살렘 딸들아 내가 비록 검으나 아름다우니 게달의 장막 같을지라도 솔로몬의 휘장 갈구나 내가 햇볕에 쬐어서 거무스름할지라도 흘겨보지 말 것은 내 어머니의 아들들이 나에게 노하여 포도원지기로 삼았음 이로라 나의 포도원을 내가 지키지 못하였구나."

여인에게 있어서 검은 피부는 약점이자 장점이 될 수도 있다. 그러나 한국여인에게 있어서 미인의 특징 중에 하나는 하얀 피부를 갖는 것이란다. 그러나 술람미 여인이 검게 된 이유가 오빠들의 권유로 포도원지기를 했기 때문에 그렇게 되었다는 것이다.

이 말은 다른 뜻으로 해석하면 "열심히 살았고, 성실히 살았고, 근엄 역행을 행복으로 여기면서 살았다"는 말이 된다.

사람의 아름다움은 외모에도 있겠지만 그 보다 더 아름다운 것은 열심히 사는 것이 더 아름다움일 것이다. 비록 고생스럽지만 그것을 낙으로 여기고 감사하면서 희망을 가지고 행복하게 살아가는 것 그것이 진정 아름다움의 자랑일 것이다.

셰르파(sherpa)

히말라야산맥에서 등반대의 길을 안내하는 티베트 사람을 가리켜서 '셰르파(sherpa)'라고 부른다. 그 사람들은 히말라야 산맥을 수도 없이 오르고 내려서 길에 익숙할 뿐만 아니라 일기 변화와 산세에 능통한 사람들이다.

그 사람들은 가난하여 지식과 학문이 별로 없고 사회적으로 그렇게 인정을 받을만한 것이 없지만은 만일에 에베레스트 산의 정상에 올라가려면 셰르파 없이는 완등 하는 사람이 없다고 한다. 그래서 그들은 세계의 최고봉인 에베레스트 산 등반 객을 위하여 생명을 무릅쓰고 등반에 앞장서고 있는데 등반대는 셰르파의 안내하는 대로 따라가야 등반에 성공할 수가 있다고 한다.

예수 그리스도를 구주로 믿고 있는 사람들은 영적 셰르파가 되어야 한다. 천국의 정상을 향하여 나아가는 사람들을 저 천국까지 무사히 인도할 사람은 먼저 믿은 성도들인 것이다.

오직 그리스도 예수님만 바라보는 믿음의 본이 되어 이를 바라보는 모든 사람들을 살리는데 앞장서서 잘 인도하는 영적 셰르파가 되어야 한다.

이상한 현실

우리나라는 아름답고도 신기한 나라인 것 같다. 정치인들을 보노라면 여 · 야가 허구한 날 당파싸움으로 서로가 옳다고 주장하기에 열세를 올리고 있는 반면에 경제는 세계에서 상위권에 속해있는가 하면, 사람들이 편하게 살고 고급스럽게 살기를 바라면서도 힘든 일을 하기 싫어하는 추세이다.

그러면서도 권력을 가진 사람들은 한결같이 부를 축척하기 위해 비리를 저지르고 있는 반면에 가난하고 오갈 데 없는 사람들을 섬기면서 대접하고 있는 사람들은 아무것도 없는 가난 속에 열심히 봉사를 하고 있다.

세상의 소금과 빛이라고 하는 교회는 시대를 밝히지 못해 나라가 좌초하고 있는가 하면 교인들은 오히려 나라를 위해 강조하면 교회에서 정치 이야기한다고 비판한다. 사람들을 옳은 데로 인도해야 될 지도자들은 오히려 사람들을 유린하여 자기왕국을 세우는가하면 사람들은 그것이 옳다하여 많이 모이는 곳을 찾아 그곳에 소속해 있으면서 어깨를 으쓱거린다.

이제는 자연마저 제정신을 잃고 심심찮게 대지를 흔들고 있는가 하면 기후마저 제정신이 아닌 듯 이상기후를 가져오기 일쑤다. 이제는 정신을 바짝 차릴 때 인 것 같다.

인생의 지표

사람이 한 세상을 살아가노라면 여러 종류의 사람을 만나게 된다. 어떤 사람은 만나지 말아야 될 사람을 만나게 되고 어떤 사람은 나에게 꼭 필요한 사람을 만나게 되고 어떤 사람은 나를 손해를 보게 하는 사람을 만나게 되고 어떤 사람은 나에게 도움을 주는 사람도 만나게 된다.

이러저러한 사람들을 만나면서 또한 그 사람들하고 한 세상을 같이 살아가야만 되는 것이 인생이라면 우리는 어떻게 살아가야만 되는지를 판단해야 될 것이다.

할 수만 있다면 내가먼저 유익을 줄 수 있는 사람이 되며, 그리고 꼭 필요한사람, 도움이 되는 사람으로 살되 후회할 짓은 하지 않도록 하며, 남에게 상처를 주어서 원한을 사는 일은 없도록 해야 될 것이다.

이왕지사 나로 인하여 즐거움을 갖게 하고 나로 인하여 상대방이 안심하며 살아가도록 해야 될 것이며 이해와 배려와 섬김을 가지고 살아가야 될 것이다. 그리고 정직과 진실은 꼭 반드시 있어야 한다.

가을 낙엽이 주는 교훈

삼복더위와 장마 속에 웃자라나던 식물들이 가을을 지나 겨울의 문턱에 다다르면 누가 시키지를 않아도 자기들 스스로가 알아서 살아남기 위한 노력을 기울인다.

나무들을 잘 살펴보면 얼마나 지혜로운지 알게 된다. 나무들은 우거진 숲속에서 자라날 경우 서로가 남쪽을 향하여 가지를 뻗어서 태양빛을 흡수하려고 안간힘을 기울인다.

그러다가 일조량이 부족할 경우 나무는 스스로가 북쪽을 향하여 뻗어있는 가지들을 죽여 가지고는 몸통이 자라나는데 불필요한 것을 제거시킨다.

그리고는 겨울이 되면 추위에 얼어 죽지 않으려고 여름동안 빨아 올렸던 수분을 밑으로 다 내려 보내어 생명만 겨우 유지시킨다. 그러고 나면 나뭇잎은 곱게곱게 물이 들어가며 죽어 가는데 이것을 지켜보고 있는 사람들은 죽어가고 있는 나뭇잎을 바라보면서 아름답고 멋지다고 감탄을 자아낸다.

만물의 영장이라고 하는 인간들은 과학을 발달시켜 육체적인 생활을 편리하게 꾸미며 살아가지만 죽음 앞에서는 나무를 통한 교훈을 배워야 될 것이다.

미친 사람들 때문에

'미치다'라는 단어가 네이버 국어사전에서는 다음과 같이 해석해 놓았다.

1. 정신에 이상이 생겨 말과 행동이 보통 사람과 다르게 되다. 2. (낮잡는 뜻으로)상식에서 벗어난 행동을 하다. 3. 정신이 나갈 정도로 매우 괴로워하다.

요즘 한국과 세계를 보노라면 미친 사람들 때문에 사회가 더욱 혼란에 빠져서 건강한 사람들이 살아가는 데에 있어서 매우 불편하게 하는 현상들이 있음을 보게 된다. 물론 자신들은 자기 입장에서 볼 때 스스로가 건강하다고들 하겠지만 보편적으로 바라볼 때에는 그렇지가 않다고 먼저 말해야 될 것이다. 그럼 어떤 사람들이 미친 사람들일까?

첫 번째로는 정치인들이다.

미친 정치인들 때문에 우리사회는 지금 혼란의 늪에서 허덕이고 있음을 누구나 다 실감할 것이다. 자기들 밥그릇 챙기기 위하여 '민생', '민생' 하고들 있지만 민생은 뒷전에 두고 무슨 횡재라도 만난 듯 허구한 날 싸움질이고 떼거리로 몰려다니는 것을 보면 정상적인 사람들이라고 보기는 어려운 듯하다.

두 번째는 동성연애자들이다.

지난 6월 28일 날 서울에서 열렸던 '퀴어 축제'를 보신 분들은 누구나 다 알게 될 것이다. 물론 자기들 나름대로의 타고난 '성' 으로 인하여 주어진 운명이라는 것은 당연지사이다.

그러나 '성' 은 '매우 아름답고 고귀하며 순결하고 거룩한 것' 이 바로 '성' 이다. 그런데 그들의 행동을 보노라면 그와는 정 반대로 행동들을 하고 있다. 이것은 난잡하다 못해 추잡해서 가히 입에 담아 말을 하기도 싫을 정도이다. 그들은 나름대로 자기들 인권이라고 말하지만 그렇다면 "네 인권은 말하면서 왜 내 인권은 생각을 안 하느냐?"고 반문하지 않을 수 없다.

당신의 인권이 중요해서 당신 마음대로 행동을 했다면 내 인권을 무시하고 짓밟으면서 당신하고 싶은 대로 행동하는 것이 정상적인 것이냐 라는 것이다. 그것은 틀림없이 미친 사람들의 모습이라고 말하지 않을 수 없는 것이다.

세 번째는 이러한 사실을 동조하며 이일이 진행되도록 허가해 준 사람들이다.

앞서 말한 일들이 미친 사람들이 한 짓이라면 그 일을 하도록 허락한 사람들(정치인, 법조인, 행정관)도 당연히 미친 사람들이 아니면 어떻게 그런 일들을 허락할 수가 있단 말인가? 사람이 살아가는 사회에 있어서는 윤리와 도덕과 질서를 통해 공동생활이라는 것이 있는 것 아니겠는가?

더불어 살아가는 것이 사람이 기본이거늘 어찌하여 이웃은 아랑곳도 없이 자기들 입장에서만 의견을 말하고 또 그렇게 행동을 해야 옳단 말인가? 아니 꼭 그렇게 해야만 정상적이라고 말할 수 있겠는가?

미국이란 나라도 동성연애를 합법적으로 허락했다는 보도는 이 소식을 듣는 전 세계 사람들을 경악하게 했다. 서구사회라는 특수한 기질은 익히 잘 알고 있는 사실이지만 그렇다고 인륜을 망치는 그런 사회가 과연 정상적인 사람들이 살고 있는 곳이라고 말할 수가 있단 말인가? 정말로 미친 사람들인 것만은 사실이 아니겠는가?

네 번째로는 광신적인 신도들이다.

신앙은 자유이고 생각은 자유이고 해석은 자유이겠지만 타당성은 합리적이어야만 한다. 그런데 광신적인 신도들을 보노라면 거의가 다 이기적인 사람들인 것을 알 수가 있다.

이런 사람들이 가정을 깨뜨리고 있고 사회공동체를 무너뜨리고 있고 안녕은 초래한 채 자신들의 입장만 고수하고들 있다.

고대 역사 속에서 로마제국의 '네로' 라는 왕을 우리는 알고 있다. 그는 '미친 왕' 이라는 오명을 벗지 못한 채 역사의 흐름 속에 거울로 비춰주고 있는데 왜? 그랬는가? 그는 이기적인 정치와 광신적인 종교행위에 있었기 때문이 아니겠는가?

자기만이 제일이고 자기만이 전부라고 생각하는 사고방식은 결국에 가서는 사회를 망치고 자신마저 망하게 하고야만다. 작금에 있어서 사람이 행복하게 살아가야하는데 그 미친 사람들 때문에 오히려 얼마나 불행을 초래하고 있는가?

유럽의 칼새

서유럽과 아프리카 등에서 흔히 볼 수 있는 유럽 '칼새'는 한 번 날아오르면 최장 10개월간 한 번도 땅에 내려오지 않고 공중에 머문다고 한다. 심지어는 공중에서 먹고 자기도하며 교미까지 하기도 한다고 한다.

그런데 이 칼새가 어떻게 이렇게 오랫동안 먹지도 않고 연속 비행을 할 수 있는가 하면 이 칼새는 낮 동안에는 에너지를 거의 쓰지 않으면서 열풍을 이용해 3000m이상 높이 올라갔다가 마찬가지로 에너지소비 없이 천천히 하강 비행하는 것을 반복적으로 하면서 긴 날개를 이용한다고 한다.

신앙생활이란 내가 힘쓰고 애쓰면서 전진해 나아가는 것을 말하지만 능력 있고 힘 있게 신앙생활을 잘하려면 내가 하려고하지 말고 하나님의 능력에 의하여 할 때만이 가능한 것이다.

신자들이 자주 지치고 쓰러지는 이유가 무엇인가? 그것은 하나님의 능력을 의지하지 않기 때문이다. 마치 칼새가 바람을 이용하여 날아가는 것처럼 성도가 하나님의 능력을 이용하여 세상을 살아갈 때에 힘 있게 승리의 삶을 살 수 있게 될 것이다.

한국의 외침

우리나라는 1960~70년대에 걸쳐서 외치는 몇 종류의 메아리가 있었다. 그중 하나는 나라를 위하는 '반공정신'이 그것이다. 삼팔선의 철조망이 가로막혀 있는 동안에는 언제나 끊임없이 외쳐야 될 함성은 '반공'이었다. 그런데 어느 때부터인가 반공이란 말을 사용하면 마치 매국노처럼 여기는 추세가 되었고 그러는 사이 지금 대한민국은 간첩이 사만 명이 넘고 있다고 '조선TV'에서 발표한 적이 있었다.

그 뿐만 아니라 곳곳에서는 이북을 찬양하는 무리들이 있어도 아무렇지도 않게 여기고 있으며 이러한 현상들을 남의 나라 일같이 여기고 있다.

세상에서 가장 무서운 힘이 무엇이냐 하면 '정신과 사상'이다. 정신과 사상은 어떻게 길들여지느냐에 따라서 달라지 게 되는 동시에 매일같이 반복적인 훈련을 통하여 더욱 강해지고 굳건해 지는 것이다.

그러나 반대로 그 정신과 사상은 다른 것으로 가미 시킬 때는 여지없이 변질이 되고 망가지기도 하는 것이 정신과 사상인데 작금 대한민국은 반공정신이 망가지고 있고 변질이 되고야 말았다.

그것이 진정이라면

2016년 11월 12일은 한국역사에서 잊을 수 없는 날 중에 어쩌면 한날이 될지도 모르는 날일 것이다. 서울의 한복판에 사람들이 한데 뭉쳐 함성을 외치던 날이기 때문이다.

그 함성은 과거 일제의 속박에서 자유와 해방을 위하여 부르짖던 기미년 3월 1일의 "대한독립 만세"의 메아리와는 전혀 다른 양상의 함성이었다. 누가 시켰는지는 모르겠다. 아니면 진정한 의미를 알고서 외친 함성인지도 모르겠다.

중요한 것은 현직 대통령을 물러가게 하기 위한 외침만은 분명한 것이었다. 자기는 그렇게 혜택을 받지 못해서 억울한 억하심정을 표현한 것인지. 아니면 진정으로 나라를 사랑해서 애국심으로 한 것인지도 잘 모르겠다. 그러나 이구동성으로 외쳐대는 함성은 대통령 '하야' 또는 '탄핵'이라는 것이었다. 그만큼 대통령은 잘못을 저질렀다. 대통령은 국정을 인정에 묶어 버렸고 사정에 묶어 버렸다.

정신이 있어서 한 것인지 아니면 정신을 빼앗겨서 한 것인지는 대통령 본인 자신만이 알 것이다. 그런데 더욱 중요한 것은 우리사회에 '하야' 해야 될 사람과 '탄핵' 해야 될 사람들이 너무도 많이 있다는 사실이다.

우리나라 속담에 '똥 묻은 개가 겨 묻은 개를 나무란다.' 는 말이 있다.

애 늙은이

우리나라의 옛 속담에 '애 늙은이'란 말이 있다. 그 말뜻은 '말이나 행동이 나이에 비해 너무 어른스러운 아이를 놀리는 말'로써 아이가 어딘가 모르게 어른스럽고 또한 한 편으로는 어색하지만 의젓한 언행을 즐겨하는 아이를 일컫는다.

그런데 반대로 나이는 먹었는데 하는 말이나 하는 행동이 어린아이만도 못한 사람들이 있는데 그런 사람을 가리켜서 '애만도 못한 사람'이라고 일컫는다.

작금 우리나라의 정치인들을 바라보고 있노라면 진짜로 '애만도 못한 늙은이들'이 너무도 많은 것을 보게 되는 것 같다. 나는 정치가 무엇인지는 잘 모르지만 소위 정치인들이라고 자처하는 그 사람들의 하는 짓거리들을 보고 듣고 있노라면 한숨이 절로 나오지 않을 수가 없다.

"어떻게 저런 사람이 정치인이 되었을까?"

"나라의 돈을 먹어가면서 뭐하는 짓거리들인가?"

"진정으로 나라를 위한 것이라면 저럴 수가 있을까?"하는 생각이 마음을 우울하게 한다.

어른은 싸우는 것이 아니라 대화하는 것이고, 어른은 시비하는 것이 아니라 의논하는 것이고, 어른은 자기 잘난 체하면서 상대방의 말을 무시하는 것이 아니라 겸손하게 상대방의 말을 경청할 줄 아는 것이 어른이 아니던가?

바보의 종류

바보라는 말은 '지능이 부족하여 정상적으로 판단하지 못하는 사람을 낮잡아 이르는 말' 또는 '어리석고 멍청하거나 못난 사람을 욕하거나 비난하여 이르는 말'이라고 국어사전에는 해석해 놓았다.

그러나 필자는 이 말을 달리 해석해서 '자기의 이득을 외면한 채 남에게 이용만 당하는 사람'이라고 말하고 싶다. 그런데 바보 중에는 몇 가지 종류의 바보가 있다.

첫 번째는 멋진 바보다. 멋진 바보는 희생과 헌신을 해도 확실히 하고 분명히 하는 사람을 가리켜 말할 수가 있다. 뒤끝이 지저분하게 하고 불분명하게 헌신하며 희생하는 것은 멋진 바보가 아니다.

두 번째는 아름다운 바보다. 아름다운 바보는 잔잔한 감동을 주면서 또한 잔잔한 웃음을 주면서 누군가를 위해 또는 그 무엇인가를 위해 헌신하며 봉사하며 도움을 주는 것을 말한다.

세 번째는 진짜바보다. 진짜바보는 자기도 손해를 보면서 남에게도 손해를 가지게 하는 사람이다. 또한 어디를 가든 무엇을 하든 주변을 소란하게 하고 사람들을 불편하게 한다.

그뿐만 아니라 평안을 깨트려서 불안하게 하고 즐거움과 행복을 깨트려서 비극을 갖게 한다. 이러한 진짜바보만 살고 있는 집이나 나라는 정말 불행한집이며 나라인 것이다.

세상에서 제일 소중한 사람

가끔 나는 이런 질문을 받은 적이 있다. "이 세상에서 누가 제일 소중하신가요?" 라는 질문이다.

그러면 나는 얼른 "누구긴 누구야 바로 나지" 라고 대답했다. 대답을 해 놓고 보면 정답을 말한 것 같아서 나 스스로가 흐뭇해하곤 했었다.

그 다음에는 누구일까? 사람들마다 생각이 다르겠지만 나에게 있어서는 아내가 가장 소중하다. 부모님도 소중하고, 자식과 형제들도 소중하겠지만 결혼한 남자에게 있어서는 아내이고 여자에게 있어서는 남편일 것이다.

특히 목회를 하고 있는 목회자로서는 더더욱 아내가 제일로 소중함을 느끼게 된다. 왜냐하면 아내는 한 몸 되어 '생사고락'과 '희노애락'을 같이 할뿐만 아니라 위기의 경우 성도들은 자기 싫으면 자기 갈 길로 다 돌아서 버리지만 끝까지 남아주는 성도는 오로지 아내 밖에 없기 때문이다.

특히 나의 아내는 나의 어리석음과 부족함을 알면서도 그 부분을 이해하며 음과 양으로 채워 주기 때문에 더욱 나에게는 소중한 사람이다.

물론 이 글을 읽고 있는 당신도 나에게는 참으로 소중한 사람이다.

이제는 무궁화 꽃이 활짝 피었으면 좋겠다

서기 2016년은 우리 대한민국의 광복 70주년을 맞는 해이다. 36년이란 긴 세월을, 나라는 가졌으나 내 나라가 아닌 것처럼 살았어야만 했었고, 말은 하고 있었지만 내 나라말도 맘대로 하지 못했었고, 농사는 지었으나 그것이 전부다 내 것이 되지를 못했었고, 인생마저 내 삶이 아니었던 그 시절을 벗어난 지 어언 70년이란 세월이 흘러만 갔다.

그동안 하나님께서는 우리 대한민국을 사랑하셔서 세계 열국 위에 높여 주셨고 강대국들과 어깨를 같이하면서 열방의 꽃이 되게 해 주셨다.

해외에 선교 차 나가게 되면 10년 전의 위상과 오늘날의 위상은 너무나 많은 차이가 있음을 느끼게 되는데 그것은 그만큼 우리나라가 위상이 높아져 있음을 말해주는 것이다. 그렇게 되기까지는 권세 잡으신 분들의 노고와 산업전선에서 애쓰시는 분들이 있었기 때문이라고 말할 수 있겠지만 그보다 더 앞선 것은 애국가의 가사처럼 '하나님의 보호하심'이었기 때문이다.

하나님의 돌보심이 아니었더라면 인간이 아무리 발버둥 친들 여기까지 올 수가 있었을까? 얼마 전 '메르스(MERS, 중동호흡기증후군)'라는 유행성 질병이 약간 그 증상을 보였을 때와 가뭄으로 인한 수분공급이 모자랐을 때를 보아도 알듯이 인간의 힘으로는 자연을 대항할 수가 없고 천지지변을 막을 장사가 없는 것을 우리는 확인할 수가 있었다.

그러함에도 불구하고 아직까지도 정신을 차리지 못한 사람들 때문에 축복 받은 대한민국이 불행을 자초하고 있음을 인식할 때 안타깝다 못해 분노가 치밀어 오르기도 한다. 왜? 무엇 때문에? 어쩌자는 것인가?

하나님을 무시하여 종교편향주의를 외치는 자들과 그 일을 위하여 앞장서서 법을 만들려고 하는 사람들,

'인권평등'이란 명목 하에 인권조례를 만들어 윤리와 도덕을 아예 똥칠해 버리려는 동성연애자들과 이를 준법 화하여 사회를 더럽히려는 정치인들과 법조인들,

나라의 중요한 기밀을 누설해서 외국에 팔아먹고 개인의 이득만 챙기려는 매국노적 사상을 가진 사람들과, 이러한 것들을 바로 지적하지도 못하면서 명예와 지위만을 가지려하는 종교인들과 자칭 지도자라고 하는 자들,

그리고 사리와 앞뒤를 분별하지 못하고 맹목적으로 이성을 잃은 사람들처럼 무리지어 요동하는 대다수의 사람들이 내면에 자리 잡고 있어 국가적으로 혼란을 야기하고 있다.

아직까지도 자기의 잘못을 반성하지 못하고 자기들이 잘한 일인 냥 이 핑계 저 핑계를 대면서 우리나라를 우롱하고 있는 일본의 아베정권과 아직까지도 정신을 못 차리고 권력과 기만에 눈이 어두워 지금의 때가 어느 때인데 한치 앞을 바라보지 못하고 전쟁설만 남루하고 있는 이북의 김정은은 피어나는 무궁화 꽃을 상하게 하고 또한 시들어 피게 하려고 하는 기생충과 같은

존재들이 아닐 수가 없는 것이다.

우리나라 대한민국은 그 누가 무어라고 해도 하나님의 복 받은 민족인 것은 틀림없는 사실이다. 이만큼이나 올 수 있었던 것은 일찍이 두 손에 태극기를 움켜쥐고 "대한독립 만세"를 외치면서 목숨을 바쳤던 순열들의 희생의 대가가 그 열매를 거두게 하였음은 그 누구도 부인할 수 없는 사실이다.

그렇다면 이제 우리나라 사람들은 무엇을 어떻게 해야 할지를 알고 그 방향을 따라 목적 있게 살아가야 됨은 분명하지 않겠는가? 나라를 지키고, 나라를 살리고, 나라를 가꾸고 다듬어서 더 아름다운 금수강산을 만들어야 됨은 당연지사한 일이 아니겠는가?

자유가 있고, 질서가 바로 서고, 도덕과 윤리가 살아있는 대한민국, 광복 70년을 맞는 이 달에 이제는 무궁화 꽃을 활짝 피워서 살기 좋은 대한민국을 만들어 길이길이 보존하여 축복받은 후손들에게 역사를 빛나게 해야 될 것이다.

콩나물 할매

부산에 가면 자칭 '콩나물 할매'라고 자신을 소개하는 '김상인' 성도님이 계신다. 그 분의 연세는 2017년 현재 만 76세로 2013년도부터 수영로교회에 출석하고 계신다.

그 분이 '콩나물 할매'라는 별칭이 붙게 된 데에는 이유가 있다. 평소 당신이 손수 콩나물을 길러서 장사를 해 오던 중 예수님을 믿고 나니 주님의 은혜가 너무 감사한데 이 은혜를 어떻게 보답해야 좋을지 몰라 전전긍긍하고 있을 무렵 개척교회를 하시는 목사님을 은연중 만나게 되셨다고 한다. 어디든 개척교회 하면 어려운 사정을 누구나 다 아는 사실인데 이 할머니의 마음에는 큰 충격으로 받아들이게 되었다.

그 후 큰 결심을 하고는 콩나물을 길러서 당신이 살고 있는 집 근처의 개척교회마다 손수 트럭에 싣고 운전을 하면서 콩나물을 배달해서 나누어주는데 비가 오나 눈이오나 언제든지 정규적으로 꾸준히 그 일을 하고 계신다. 이에 은혜를 입은 개척교회 목사님들은 콩나물 할매가 오실 때쯤 되면 열일을 제쳐놓고 그 할머니를 기다린다.

인도의 결혼예식

각 나라마다 결혼예식의 모습은 천태만태로 다른 것 같다. 인도에 가면 결혼식을 밤늦은 시간에 예식을 거행한다. 예식 하는 날이 되면 신랑은 어느 지점에서 말을 타고 칼을 옆에 차고 피리를 불며 나팔 부는 악단들과 춤을 추는 무용수를 앞세우고 요란하게 예식장으로 오게 된다.

예식장 안에 들어오면 무대 위에 미리 준비된 쇼파 위에 앉아서 신부를 기다린다. 신부를 기다리고 있는 동안에 하객들 중에서 돈으로 목걸이를 만든 것을 일가친척들이 신랑의 목에다 걸어준다. 많이 쌓이면 누군가가 돈 목걸이를 걷어서 보관하고 또 걸어주면 역시 걷어서 보관한다.

그러기를 다하고 나면 신부가 입장을 하게 되는데 장정 네 명이 사각 휘장을 손 높이 들어 신부를 앞세우고 들러리와 함께 입장하면 신랑이 그를 맞아 소파에 앉힌다. 그 후 가족들이 나와서 함께 기념사진을 찍으면서 축복을 빌어주는 것으로 예식은 진행된다.

그런 순서가 다 지나고 나면 모인 하객들과 함께 춤을 추며 파티를 열어서 결혼을 빛나게 한다.

정치보다는 의리

사람이 살아가는데 있어서 도리가 있고 사리가 있고 의리가 있다. 대한민국은 서기 2016년 12월 9일에 박근혜 대통령 탄핵 가결을 위해 국회의원들이 가부를 묻는 투표를 실시했다. 그 결과 삼분의 이가 넘는 표로 결국은 탄핵이 결정되고야 말았다.

그동안 대통령과 함께 당을 만들어 정치를 엮어온 사람들까지도 탄핵에 찬성표를 던졌다. 그런데 눈에 뜨이게 탄핵을 반대하며 전 의원들에게 호소문까지 전달하며 탄핵을 저지시키려는 의원들도 몇몇 사람이 있었다.

그들이 그렇게 까지 탄핵을 반대해야 할 이유에 대해서는 헌법이 판결나기도 전에 선거하는 것이 잘못이거니와 그보다 더 큰 이유는 한 당에서 같은 배를 타고 정치를 해온 '의리' 때문에 더욱 앞장서서 반대를 했던 것이다.

사람이 사람으로서 세상을 살아가기 위해서는 부귀와 권력과 명예가 있어야 한다지만 그 무엇보다도 중요한 것은 믿어주고, 도와주고, 이끌어줄 의리가 있어야만 한다.

특히 정치의 세계에서는 더더욱 필요한 것이 '의리'인 것인데 다른 것은 몰라도 그 의리를 지키기 위해 자신의 명예와 권력까지라도 포기하는 그 분들이 참으로 멋진 사람들로 보였다.

에티켓(Etiquette) 이 아쉽다

우리나라가 70년대에 접어들어서는 '에티켓(Etiquette)' 이라는 것이 유행이 되어 너도나도 예절공부에 여념이 없었다.

특히 젊은 남녀들은 큰 관심을 가지고 상대방의 호감을 사고 자신의 미덕을 보여주기 위해 소책자를 포켓에 넣고 다니면서 예절공부에 한창이었다. 그래서 사람이 예의가 없으면 버릇없는 사람이고 배은망덕한 사람으로 여겨서 천하게 보곤 했었다.

명절이 되면 어른들을 찾아가서 세배 드리는 것이 당연지사로 알아서 보름동안 세배를 했고, 자리 예절에서는 어른들이 우선으로 여겨져서 어른보다 좋은 자리 앉는 것을 사양했고, 양보의 예절로 상대방을 우선으로 여겨 주었었다.

그런데 요즘은 세상이 변해도 너무도 안 좋게 변질이 되어서 막가는 세상이 된 듯하다. 표현의 자유를 부르짖어서 벌거벗고 다녀도 말을 못하고, 개인의 권리를 외쳐대며 무분별한 막나니 짓을 해도 그냥 두어야 하고, 인권을 내세우며 어른을 몰라보고, 공공질서와 도덕과 윤리가 어디로 갔는지 찾아보기 어려운 세상이 되고야 말았다.

잘못해서 지적하면 인권침해로 걸리고, 예쁘다고 머리를 쓰다듬어주면 성희롱 죄로 걸리니 이 세상이 어떻게 되겠다는 것인지 가슴이 아프기만 하다.

새해가 무엇인가?

지구가 한 바퀴 도는 것을 가리켜서 하루라 하고, 달이 한 바퀴 도는 것을 가리켜서 한 달이라고 한다면 태양이 한 바퀴 도는 것을 가리켜서 일 년 혹은 한해라고도 한다.

그런데 사람들이 하루나 한 달은 예사롭지 않게 여기다가도 한해가 되면 뭔가 모르게 생각들이 달라지는 것을 보게 된다. 그래서 새해 복 많이 받으라느니 새해에는 좀 뭔가 이뤄보자 느니 하면서 말을 하고 계획을 세우곤 한다.

사실은 새해가 되어도 어제 보았던 그 건물은 그대로 있고 어제 있었던 그 사람은 그대로 있는데 새해, 새해 하면서 무슨 큰 변화라도 되는 것처럼 야단법석들을 떨곤 한다.

사람의 삶이란 새해가 되어서 새로워지는 것이 아니라 '오늘'이라고 하는 날에 매일매일 변화가 있어야 하고 또 되어져야 한다.

오늘을 소홀히 여기는 사람에게 내일을 기대할 수가 없으며 지금을 귀중히 여기지 않는 사람에게 새해를 기대 할 수가 없는 것이다. 그러므로 "지금 잘하고 오늘 잘하자" 그리할 때 분명 새해에는 좋은 일들이 많이많이 있게 될 것이다.

추수 감사절

성경에서는 하나님께서 이스라엘 백성들에게 각종 절기를 지킬 것을 명령하고 계신다. 어쩌면 이스라엘 백성들은 명절을 지키기 위해 존재하고 있는 사람들이라고 해도 과언이 아닐 것이다. 하기사 영원한 종살이보다는 자유인으로서 시시때때로 절기를 지키는 것이 백 번 천 번 나은 것은 사실이다.

그 중에서 수장절이라는 절기가 있다. 현대에 우리가 말하는 추수감사절이다. 이 절기가 되면 이스라엘 백성들은 기쁨과 감사를 하나님께 돌려드리면서 지금까지 생존해 있고 지난날을 지켜주시고 돌보아주심에 감사하면서 새해를 다시금 기약하는 절기가 수장절이다.

하나님께서는 이 절기를 지키게 하시면서 이 세상에 다시 오실 예수님에 대하여 영적인 교훈을 인류에게 말씀하고 계신다. 다시 오실 예수님을 맞이하는 인생들은 추수하여 곡식을 거두는 기쁨보다 더 기뻐하고 감사할 수가 있어야만 된다는 사실이다. 그리고 다시 오실 예수님을 기다리는 것이다.

수고를 푸는 열쇠

성경 창세기 3장에 보면 아담과 하와가 하나님의 뜻을 어기고 뱀의 유혹에 빠져 먹지 말라는 선악과를 따먹음으로 인하여 하나님의 진노를 사게 되어서 그 죄 값을 지목 받는 내용이 나온다.

뱀에게 저주하신 하나님께서는 하와에게와 아담에게 형벌을 주시는데 그 명목을 보면 다음과 같다. 창세기 3장 16절부터 17절 말씀에 "또 여자에게 이르시되 내가 네게 잉태하는 고통을 크게 더하리니 네가 수고하고 자식을 낳을 것이며... 아담에게 이르시되 네가 네 아내의 말을 듣고 내가 너더러 먹지 말라한 나무실과를 먹었은즉 땅은 너로 인하여 저주를 받고 너는 종신토록 수고하여야 그 소산을 먹으리라"고 하셨다.

'수고'라는 말이 네이버 국어사전에 '일을 하느라고 힘을 들이고 애를 씀. 또는 그런 어려움' 이라고 해석해 놓았고, 어문각 국어사전에서는 '무슨 일에 힘들이고 애를 씀'이라고 해석해 놓았다.

그런데 성경 히브리어 사전에서는 '수고'라는 말이 '아차브' 혹은 '잇차본'이라고 하는 데 그 의미는 '상처', '고통', '아픔'이라고 한다.

무슨 말인가? 인류의 조상 아담과 하와가 하나님께 범죄 한 후에 자손들에게 물려준 것은 수고이었는데 이로 인하여 아픔과 상처와 고통만 안겨다주었다는 사실이다. 이로 인하여 인간들은 누가 뭐라고 하거나 말거나 육신의 몸을 입고 세상에 태어나게 되면 당연히 수고를 해야만 된다는 법칙이다.

물론 수고의 차이점은 사람마다 조금씩 다를 수가 있는 것이고 형편과 환경에 의하여 다소 약간의 차이는 있을 것이다. 그러나 분명한 것은 그것도 수고라면 이것도 수고가 아니겠는가? 그래서인지 일찍이 인생을 논했던 지혜의 왕이신 솔로몬은 이렇게 갈파했다.

"사람이 하나님의 주신 바 그 일평생에 먹고 마시며 해아래서 수고하는 모든 수고 중에서 낙을 누리는 것이 선하고 아름다움을 내가 보았나니 이것이 그의 분복이로다(전도서 5:18)."

인간의 분복, 그것은 수고라는 것을 통하여 낙을 누리는 것이다. 수고 없이 세상을 살려하고, 수고 없이 인생을 가지려고 한다면 그 사람은 어리석은 사람 중에 하나일 것이다.

그런데 더 재미있는 것이 하나있는데 수고를 회피하려는 사람들에게 나타나는 공통적인 것들이 있다. 그것은 거의 대다수가 심리적인 불안을 가져오게 되고, 마음에 안정을 갖지 못하며, 또한 게으르고 나태할 뿐만 아니라 핑계를 잘 대더라는 것이다. 이런 사람들은 발전이 없고, 거의가 다 부정적이며 기쁨과 만족을 모르고 인생을 살고 있더라는 것이다.

이 얼마나 불행한 일인가? 아니 불행 속에 더 불행한 것이 된다. 어차피 수고로이 태어났다면 차라리 그 수고를 당연히 받아드려서 그것을 행복으로 바꾸고 즐거움으로 바꾸고 기쁨으로 바꾸는 것이 더 좋지 않을까? 밀레(1857년 프랑스사람)의 '만종'이란 그림은 유명하기로 누구나 다 알고 있다. 설화에 의하면 그 그림은 너무 귀한 그림이라서 그 값을 정할 수가 없어 박물관에 그대로 소장되어 있다고 한다.

그 그림이 왜? 그렇게 유명한가? 나름대로의 해석이 있겠지만 하루의 수고로움 속에서 땀 흘리고 애를 쓰다가 저녁 석양노을에 저 멀리서 예배당의 종소리가 울려 퍼져오니까 일하던 손길을 멈추고 하루를 무사히 보낼 수가 있었고 모든 수고로움 속에서도 행복했음을 감사하여 두 부부가 하나님께 감사 기도하는 모습이 너무도 평화로워 보이고 또 사랑스러워 보이고 행복해 보이기 때문에 유명한 것이 아니겠는가?

수고를 푸는 열쇠는 바로 여기에 있다. 그것은 '감사'하는 것이다. 감사는 모든 수고를 행복으로 바꾸는 귀중한 열쇠가 된다. 그래서인지 신약성서에서는 이렇게 말씀하신다. "범사에 감사하라 이는 그리스도 예수 안에서 너희를 향하신 하나님의 뜻이니라(데살로니가전서 5:18)." 이렇게 살면 어떨까?

이제 2017년도를 시작하는 달이다. 1년 365일을 살아가면서 이렇게 살아간다면 어떨까?

첫 번째는 범사에 감사하면서 살아가면 어떨까?

둘 번째는 항상 언제나 웃음과 기쁨을 잃지 않고 살면 어떨까?

셋 번째는 내가 먼저 손을 내 밀고 인사하는 모습으로 살면 어떨까?

넷 번째는 긍정적인 생각을 가지고 적극적인 삶을 살면 어떨까?

다섯 번째는 말투와 말씨가 상냥하고 친절하며 고운 말씨를 하면 어떨까?

여섯 번째는 나보다 약하고 어려운 사람들에게 힘이 되도록 살아가면 어떨까?

일곱 번째는 하나님을 향한 찬양을 늘 부르면서 살아가면 어떨까?

여덟 번째는 이웃을 사랑하면서 베풀며 살면 어떨까?

아홉 번째는 열려진 마음으로 남을 이해하며 포용하는 자세로 살아가면 어떨까?

열 번째는 성실하고 정직하게 살아가면 어떨까?

열한 번째는 자기 자신을 사랑하며 인정되게 살아가면 어떨까?

열두 번째는 모든 것을 하나님의 뜻에 맡기고 기도하면서 살아가면 어떨까?

모든 것을 좋게 보며, 좋게 생각하고, 좋게 말하며 좋은 일을 하기에 힘쓴다면 매일매일 좋은 일들이 있게 될 것이다.

분별 할 수 있다면 좋은 것이다

분별 할 줄 알면서 산다는 것은 인생사에 있어서 매우 중요한 일이라고 생각된다. 옳고 그릇됨을 분별하고 해야 될 일과 하지 않아야 됨을 분별하고 영적인 것과 육적인 것을 분별 할 줄 아는 것은 성숙한 사람으로서의 아름다움일 것이다.

그동안 역사를 돌이켜 볼 때에 분별없이 행동하다가 패가망신을 한 사람들이 얼마나 많이 있는가? 특히 신자는 신자로서의 가져야할 행동이 있고 마음가짐이 있고 좌 소가 있는 것이다.

작금에 있어서 분별없이 생각하고 말하고 행동하므로 자신의 위치에서 벗어난 사람들로 인하여 사회가 얼마나 혼란해지고 있는가? 속담에 '남이 시장에 가니까 나도 간다.' 라는 말이 있다. 분별없이 행동하고 목적 없이 행동하는 사람들을 가리켜서 하는 말일 것이다.

남이 하니까 나도 한다는 의식보다 내가하는 일이 정당한 것인지를 분별하고 판단해서 생각하고 말하고 행동한다면 우리가 살고 있는 세상은 좀 더 살기 좋고 밝은 세상이 될 것이다.

뒤통수를 치는 사람

얼마 전 TV에서 최순실 사건으로 인하여 청문회 하는 광경을 보게 되었다. 그 광경을 지켜보면서 더욱 분노케 하는 것은 '저런 사람이니까 그런 짓을 했지'라는 생각이 들 때가 한두 번이 아니었다. 즉 청문회에 출석한 증인들 중에는 일부가 자신들은 잘못이 없고 모두가 다 한결같이 대통령이 시켜서 그랬다는 것이다.

그 뿐만이 아니라 함께 사업을 했었음에도 불구하고 자기에게 많은 이득이 챙겨지지 않았다고 해서 상대방을 모함하면서까지 상대방을 불리한쪽으로 증언하는 것을 바라보고 있노라면 한국 격언에 '뒤통수를 친다.'라는 말을 연상케 한다.

예수님의 제자 중에는 '가롯 유다'라는 사람이 있다. 그는 예수님을 따라다니면 출세를 할 줄 알았는데 어느 날 "예수님께서 대제사장들에게 잡혀 십자가에 달려죽어야 한다."라고 하니까 자신이 삼년동안 헛고생했다는 자멸감속에 결국은 본인 자신이 그 대제사장들에게 돈을 받고 예수님의 뒤통수를 치고야 말았다.

인격을 가진 사람이라면 뒤통수는 치지를 말았어야 될 것이다.

건강한 사람

건강하다는 말의 정의는 어디까지일까? 네이버 국어사전에는 '아무 탈이 없고 튼튼함, 또는 그런 상태'라고 해석되어 져 있다. 사람은 겉사람과 속사람으로 나누게 되는데 물론 두 부분 모두 다 건강해야 되겠지만 그보다 우선 되는 것은 속사람의 건강이다. 어떤 사람이 건강한 사람일까?

첫째는 사리와 도리를 잘 알아서 준행하는 사람이다. 사람이 이치를 벗어나서 말하고 행동하는 것은 건강하지 못한 증거이다.

둘째는 법과 질서를 지키면서 자기의 의무와 책임을 다하는 사람이다. 폭력과 시기다툼 속에 무법천지를 이루는 것은 병든 사람에게서 나타나는 증상이다.

셋째는 나보다 남을 높이며 존경하며 배려하는 사람이다. 자기가 최고이고 자기만 잘났다고 하며 남을 무시하고 깔보며 남을 배려할 줄 모르는 사람은 병든 증상이다.

넷째는 어떤 환경과 형편 속에서도 감사하며 기뻐하고 즐거워할 수 있는 사람은 건강한 사람이다. 자기 좋은 일 편안한 일 기분 내키는 일만 감사하고 기뻐하며 그렇지 못했을 때 불평불만하고 원망하는 것은 병든 사람의 증상이다.

마지막으로 매사에 긍정적으로 보고 말하고 행동하는 것이 건강한 사람이다. 병든 사람은 매사에 부정적이며 소극적이다.

목마른 인생아

유대나라에 '초막절'이라는 명절을 지키게 되었다. 8일간의 일정 속에서 매일같이 여인의 뜰에서 물을 길어다가 번제단 옆 물통에 채워 넣으면서 매일같이 번제를 드리는 절기이다. 그 기간 동안에는 집에서 머무르지 않고 들과 산에서 혹은 지붕 위에다가 초막으로 집을 짓고 생활을 해야 된다.

그 명절을 지키는 이유는 옛 조상들이 애굽에서 종살이를 할 때에 하나님의 능력으로 출애굽을 하여 지금 살고 있는 이스라엘 땅에 오기까지 광야생활 40년 동안 인도하시고 보호하신 것에 대한 일들을 기억하며 그 하나님께 감사와 찬송과 헌신을 드리는 절기이다.

그 때의 그 하나님은 지금도 살아계셔서 자기들을 보호하시고 인도하심을 깨닫고 믿고 의지하며 감사하고 찬송하며 헌신을 했어야만 된다.

그런데 그들은 그렇게 귀하고 중요한 명절을 지키면서도 명절이 즐겁지가 않고 "우리와 무슨 상관이 있겠느냐"는 의식 속에 8일간의 명절을 지키고 나니 그들의 가슴속에는 목마름의 갈증만 쌓이게 된다.

즐거우면 행복한 것임을 다시금 되새겨 보자.

버림받은 소

인도에 가면 길거리마다 많은 소들이 자유롭게 돌아다니는 것을 쉽게 목격할 수가 있다.

그 소들은 수소로서 나면서부터 주인에게 버림을 받은 것들이다. 왜냐하면 인도는 소를 조상(어머니)으로 여기면서 그 소들을 통하여 사람들이 유익을 가지게 되는데 암소의 경우는 젖을 짜서 우유와 요구르트를 만들어 먹고 또 소똥으로 땔감 연료를 만들어 사용한다.

그래서 암소는 나면서부터 재산의 한 몫으로 여길 만큼 소중히 여기지만 수소는 똥만 소득으로 얻지 그 나머지는 아무유익이 없기 때문에 거리에다가 버리는 것이다.

우리나라는 소를 잡아 그 고기를 먹기 때문에 소 값이 비싸지만 인도는 소를 조상으로 여기기 때문에 생기는 현상이다.

그런데 슬픈 것은 만일에 그 소가 진짜로 조상이라면 아무리 소득이 나에게 없다하여 거리에 버리느냐하는 것이다. 결국 유익을 주지 못하는 조상(어머니)은 버림받아야 되는 꼴이 된다.

조상보다는 내가 더 귀한 존재이며 나의 유익을 위해서는 신도 버리고 조상(어머니)도 버리는 세상이다.

결산의 달을 보내면서

이제 12월이다. 12월이 되면 우선 너 나름 할 것 없이 '망년회'라는 것부터 떠올리며 계획하게 된다. 그리고는 음주와 함께 먹는 것으로 해프닝을 하면서 서로의 격려로 한해를 장식한다.

때로는 지난날을 되돌아보면서 좋은 일을 말하는가하면 때로는 좋지 않은 일들을 말하기도 한다. 그러다가는 결국에 가서는 "00 내 인생이 왜 이 모양인지 모르겠어", "00 누구는 어때서 그렇게 잘 사는 거야", "00 올해도 틀렸어"하면서 희망을 말하는 것이 아니라 절망과 탄식의 말들로 인생을 묶어 버리고 만다.

금년에도 한결같이 하는 말들이 "어려운 한해를 보냈다"라고들 이구동성으로 이야기들을 한다. 아마도 보이지 않는 어려움들이 퍽 많았던 모양들이다. 그렇지만 또 다른 시각으로 돌이켜보면 그렇지만은 않은 것도 사실이다.

다들 그렇게 어렵다고들 말하는 가운데에서도 우리나라는 좋은 일들이 많이 있었지 않은가? 세계 경제가 다들 어렵다고 하니까 자그마한 대한민국은 더욱더 큰 영향을 미쳤을 뿐이다.

더구나 우리나라가 참으로 잘살고 있음은 공항에 가보면 더욱 실감을 느낄 수가 있게 된다. 그 넓은 공항 주차장에 빼곡히 주차해 있는 차량들과 공항로비에 가득 메우고 있는 인파들은 '인산인해'를 이룬다는 말을 방불케 하고도 남는다.

그것은 무엇을 말해주고 있는가? 그만큼 우리나라는 잘 살고 있음을 보여주고 있는 단면적인 현상들이 아니겠는가?

그 뿐이랴! 관광지나 유명하다고 하는 음식점을 가보더라도 마찬가지이다. 앉을 자리가 없이 가득 메운 손님들과 시끌시끌한 관광객들의 물결은 과연 어려운 경제 속에 살고 있는 나라라는 것을 말하기가 곤란할 정도이다.

그런데 한해를 마감하면서 목사로서 이런 생각을 해보았다. '하나님께서 왜 연한과 일자를 주셨을까? 그리고 한해를 마감하는 12월을 만들어 놓게 하셨을까?' 하는 생각이다. 그리고는 이렇게 나름대로 정리를 해 보았다.

12월은 인생에게 있어서 '시작이 있으면 끝이 있음을 알게 하심이요, 심을 때가 있으면 거둘 때가 있음도 알게 하심이고, 인생은 반드시 결국이 있음이며, 또한 인생은 선악 간에 심판이 있음을 계시하심이로구나 그래서 하나님께서는 사시와 일자와 연한을 주신 것이로구나!' 라는 생각을 가지게 되었다.

그렇다면 아니 그것이 사실이라면 우리 인생은 어떻게 살아가야 되겠는가? 좋은 일을 하면서 살고, 아름답게 살고, 보람되게 살아가야 되지를 않겠는가?

그러나 작금의 이 시대를 보노라면 그렇지가 않아 마음을 안타깝게 하는 일들이 있다. '사람이 살아가면서 한번보고 말을 사람처럼 사는 사람이 있는가' 하면, 아예 '사람으로 태어나지를 않았었더라면 더 좋을 뻔한 사람도 있는가' 하면, '사람으로서 어찌 저럴 수가 있을까' 라고 의아할 사람도 없지 않아 대다수인 것이 오늘날 현실인 것만 같다. 마치 이성 없는 짐승처럼 인생을 마구잡이로 사는 사람들이 점점 더 많아지고 있더라는 것이다. 그래서 사회는 혼란에 빠지게 되고 삶을 영위하려는 사람들에게는 불안한 사회가 되어버리고 말았고 좀 더 내일에 희망을 가지고 살아보려고 애쓰는 사람들에게는 절망의 걸림돌이 되어 버리고 말았다.

좋은 사람은 생각하는 것이 항상 좋은 쪽으로 생각한다. 그리고 언제든지 좋은 일들을 위하여 애를 쓰며 좋은 일들을 해내고야 만다. 그리고는 살기 좋은 사회를 조성해서 사람이 살기에 참으로 좋은 삶을 갖게 하고야 만다. 자기는 '좋다' 라고 하는데 남들이 불편하면 그것은 좋은 것이 될 수 없는 것이다. 자기는 '좋은 일' 이라고 남들에게 고통이 되고 불편한 일이라면 그것은 좋을 일이 될 수 없는 것이다.

우리 가정은 좋은 사람들이 모여서 행복한 가정을 일구어낸 보금자리라면 우리나라는 좋은 사람들이 모여서 살기 좋은 나라로 만들어낸 대한민국이다. 남을 탓하기 전에 내가 먼저 좋은 생각을 가져보면 어떨까? 아니 남을 원망하고 불평하기 전에 내가 먼저 좋은 일 해보면 어떨까?

다사다난했던 을미년이 저물어 가고 있다. 그동안 지나온 날들을 돌이켜 보면서 다시 한번 생각해 보자 '과연 내가 성실하게 살아 왔는가?', '과연 내가 참되게 살아 왔는가?', '과연 내가 보람되게 살아 왔는가?' 그리고 '좋은 일 한번이라도 업적으로 남겨 놓았는가?' 깊이 생각하고 반성하면서 희망찬 새해를 맞이했으면 좋겠다.

마음의 문을 열면 되는 것인데

사람이 살아가면서 가장 많이 부닥치는 것이 '의사소통'이라는 것이다. 어떤 행동을 통하여 그것이 옳으니 그르니 따지다가 마침내는 의견이 일치가 안 되어서 대립하다못해 오해를 갖게 되어 대적 자로 변질되기도 하는 한편 무슨 일을 하다가도 그것이 서로의 주관과 생각이 달라서 논쟁하다가 원수로 변하는 경우도 있게 된다.

왜 그렇게까지 되고야 말게 되는 것인가? '서로의 마음을 열어놓지를 않아서' 그런 것이다.

상대방과 대화를 나눌 적에도 마음을 열어놓고 대화를 하게 되면 모든 것이 다 수용이 되지만 우선 마음을 꽉 닫아놓고 대화를 하게 되면 아무리 옳고 좋은 것이라도 소통이 될 수가 없는 것이다.

나 자신이 먼저 마음 문을 열어놓고 상대방을 대하게 되면 그 어떤 것이라도 이해가 되고 또한 수용이 되며 더 나아가서 용납이 되는 것이다.

왜? 이해가 안 되는가? 왜? 사랑이 안 되는가? 왜? 소통이 안 되는가? 마음의 문을 닫아놓았기 때문이다. 마음의 문을 열어놓으면 되는 것이다.

나누는 자의 행복

필자가 가끔 해외에 선교를 가게 된다. 그곳에 갈 적에는 좀 부담스러운 마음으로 가지만 가서는 너무도 감격스러운 일들을 접하게 된다.

특히 동남아지역으로 갈 경우 대부분 가난한나라로 가게 되는데 그럴 경우 세 번을 놀라 게 된다.

첫 번째 놀람은 이렇게 못사는 지역이 있고 또 그곳에 한국의 선교사가 있다는 것과, 두 번째는 그들을 위해 물질과 몸으로 헌신하는 사람들이 있어서 복음이 힘 있게 증거 되고 있다는 것과, 세 번째는 내가 그곳에 있다는 것이다.

이들은 모두가 다 행복해하는 사람들인데 그이유가 있다. 그것은 서로가 나누는 삶을 살고 있기 때문이다.

그렇다. 자기만을 위하여 쌓아놓고 먹고 마시는 사람과 있는 것을 통하여 서로가 나누는 삶을 사는 사람 중에 누가 더 행복하고 만족한 삶을 살게 될까?

시: 그곳에

그곳에
사랑이 있어서 좋은 것이고
그곳에
위로가 있어서 좋은 것이고
그곳에
서로가 기댈 수 있는
네가 있고 내가 있어서 좋은 것이다

만약에
미움이 그곳에 들어 있다면
증오가 그곳에 들어 있다면
불만이 그곳에 들어 있다면

그곳은
불행만 쌓일 것이고
그곳은
슬픔만 쌓일 것이고
그곳은
죽음만 쌓일 것이다

그러나
그곳에 사랑이 있고
그곳에 위로가 있고
그곳에 서로가 의지하며 살 수 있는
믿음이 있기에

소망을 가지고 살고
즐거움을 쌓으며 사는 것이다

차라리

예수님께서 십자가에 달려 돌아가시기 전 제자들과 함께 마지막 이 땅에서의 만찬을 나누시던 날 저녁이었다.

예수님께서는 당신을 팔 사람이 누구이신 지를 다 아시는 중에 제자들에게 그 이야기를 터트리시면서 그 이름은 밝히시지 않으시고는 "나와 함께 그릇에 손을 넣는 그가 나를 팔리라" 하시면서 "그 사람은 차라리 나지 아니하였다면 제게 좋을 번 하였느니라"라고 말씀 하셨다.

대한민국은 지난 3월 11일에 한국 헌정역사의 가장 비극적인 날을 만들고야 말았다. 대통령이 탄핵되었던 것이다. 그가 차라리 대통령이 되지나 않았었더라면 그나 국가나 비극은 역사 앞에 없었을 것을…

대한민국은 차라리 그를 대통령으로 세우지를 않았었더라면 역사의 비극은 없었을 것을…

그를 모함하며 음모하고 음해하던 사람들이 차라리 그 주변에 없었더라면 나라가 그렇게까지 소란하지는 않았을 것을…

차라리 내가라도 대통령이 되었더라면…??

에봇

구약성서 출애굽기를 보면 하나님께서 모세에게 명령하시기를 에봇을 만들어서 제사장이 입고 제사를 지내도록 명령을 하시면서 그 에봇을 만드는 양식을 자세하게 설명해 주신다.

그리고는 제사장은 제사를 지낼 때에 반드시 에봇을 입고 제사를 지냈으며 레위자손 중 누구든지 에봇을 입고 있으면 그는 제사장 노릇을 할 수가 있었고 사람들은 그를 제사장으로 여겨왔었다.

그 에봇은 금실과 청색실과 자색실과 홍색실과 가는 베실로 섞어서 짠 옷이기도 하다. 신약성서 요한계시록을 보면 예수를 구주로 믿고 천국에 간 사람들이 그 나라에서 입는 옷이 있는데 그 옷은 세마포이다. 세마포는 베실로 짠 옷을 가리켜 말한다.

이 땅위에서 옷은 그 사람의 신분이나 지위를 나타낼 때에 입는 것을 말하게 되는데 그 실례를 들자면 군인은 군복을 입고 경찰은 경복을 입고 학생은 교복을 입고 일하는 사람은 작업복을 입고 목사는 가운을 입는다. 그렇다면 예수 그리스도를 구주로 믿는 성도들은 무슨 옷을 입고 다녀야 할까? 로마서 13장 14절에 "오직 주 예수 그리스도로 옷 입고 정욕을 위하여 육신의 일을 도모하지 말라"고 하셨다.

개미와 베짱이

이솝우화 중에 개미와 베짱이에 관한 이야기가 있다. 이야기 내용은 대강 이렇다. 개미는 열심히 매일같이 일을 하면서 내일을 위하여 먹을 것을 차곡차곡 쌓아놓는다. 반면 베짱이는 매일같이 노래나 부르면서 일을 안 한다. 오히려 개미를 비웃으며 좀 놀다가 하라고까지 충고한다.

그러던 어느 날 추운겨울이 다가온다. 양식이 없는 베짱이가 개미에게 가서 식량을 요청하지만 베짱이는 개미에게 꾸지람만 듣고 거절을 당한 채 돌아간다.

작금에 있어서 한국은 베짱이와 같은 삶을 살고 있는 듯하다. 선진국이라는 미명 하에 왜 그리 노는 날이 많고 먹고 마시며 허영과 안일함 속에 편안한 것만 찾고 있는지 모르겠다. 허리띠 졸라매며 밤잠 못 자가며 절미절식 운동하던 때가 엊그제 같아 아직 우리는 그 허리띠를 풀면 안 될 듯싶은데 세상은 그렇지가 않다.

일자리가 없다하며 좋은 자리 편한 일 찾고 있고 놀아도 돈을 주니까 여행이나 다니는 이 나라는 머지않아 베짱이의 신세가 되지나 않을까 염려가 된다.

새해를 아름답게 하자

구약성경에 보면 하나님께서 이스라엘 백성들을 애굽의 노예 생활에서 해방시켜 가지고는 그들을 출애굽을 시키신다. 그리고는 모세에게 말씀하시기를 이날을 기점으로 너희에게 시작이 되게 해서 달의 시작 곧 해의 첫 달이 되게 하라고 명령을 하신다(출 12:2).

그리고는 이스라엘 백성들 앞에서 하나님은 살아계신 그 능력으로 기적을 베푸시면서 그들을 한 걸음 한 걸음 하루하루를 인도하시면서 목적지를 가게 하신다. 그러므로 그들이 애굽에서가 아닌 자유인으로서의 새로운 생애와 삶을 걸어온 발자취를 바라보노라면 이적과 기적과 축복의 연속 속에서 신기하고 멋진 역사를 엮어갈 수가 있었던 것을 알게 된다.

그런데 성경이 보여주고 있는 그들의 삶은 하나님의 능력과 기적으로 축복의 삶을 살수가 있었음에도 불구하고 감사는 한번도 없이 걸핏하면 원망과 불평으로 생애를 장식하는가 하면 조금만 어려워도 심지어는 지도자 모세를 돌로 쳐서 죽이려하고 더 나아가서 하나님을 배신하는 일까지 서슴지 않을 뿐만 아니라 또 다시 애굽으로 돌아가자고 하는 무리들과 함께 결국은 목적을 이루지 못하고 도중에서 멸망하는 자들이 있는 것을 보게 된다.

이제 희망찬 2016년도를 맞이하게 되었다. 옛말에 '하루의 계획은 새벽에 있고 일 년의 계획은 첫날에 있다.'고 했다. 송구영신 예배를 통하여 지난날을 뒤로하고 뜻깊은 새날을 맞이하여 새로운 마음과 새로운 각오를 가지고 한 걸음 힘차게 내어 디딘 날이 이제 며칠이 흘러갔다. 누구나 다 나름대로의 결심과 각오가 있겠지만 필자는 이렇게 했으면 더 좋겠다고 제안을 해 본다.

첫 번째는 시작을 아름답게 출발해 보자.

아름다움이란 희망을 가지고 좋은 일을 계획하며 좋은 생각을 가지고 감사한 마음으로 시작하는 것을 말한다. 내가 시작하는 것이 크든 작든 상관하지 말고, 또한 많든 적든 비교하지 말고 지금 있는 그곳에서 지금 내가 처한 형편 속에서 지금 있는 그 모습 그대로를 인정하면서 감사를 하는 것이다.

과거가 어찌 되었든 그것 때문에 지금 현실을 묶지를 말고 내일에 희망을 가지고 좋게 생각하며 좋은 일을 계획하면서 좋은 결과가 올 줄로 믿고 감사를 하는 것이다. 새롭게 출발하려는 사람이 반복적으로 과거만 탓한다면 좋은 시작을 할 수가 없을 것이다. 과거는 과거로 돌려서 교훈을 삼고 내일을 향하여 오늘을 새롭게 시작하는 것이다.

두 번째로는 지금 현실을 직시하면서 최선의 노력과 진실과 정직한 마음으로 성실을 다하는 것이다. 실패자의 대다수가 공통점이 있는데 그것은 자신을 속이거나 기만하는 것이다.

그런 자는 이유가 많고 핑계와 변명이 많으며 진실과 정직을 찾아보기가 어려운 사람들이다. 그러나 성공 자들은 언제든지 현실을 외면하지 않고 직시하고 있으며 최선의 노력을 기울이고 있다는 사실이다.

인생의 삶 속에 행복과 만족은 현재에 있어서 자기의 주어진 삶에 책임을 다한 결과라고 필자는 주장하고 싶다. 오늘에 주어진 삶에 책임을 다하지 못했을 때에는 내일에 있어서 그 불행의 결과를 심판 받게 될 것이다.

세 번째는 결과를 아름답게 마무리를 지어야만 한다.

옛 속담에 '용두사미'라는 말이 있다. 시작은 거창하게 했지만 마무리는 흐지부지 끝마치는 것을 가리켜 하는 말이다. 시작을 좋게 했다면 끝마침도 좋아야만 될 것이다. 그러나 불행하게도 처음은 뭐가 될 것처럼 출발했다가도 끝마침은 비굴하고 야비하게 마치는 성향이 주변에 너무나 많은 것을 경험하게 된다. 참으로 안타까운 일이 아닐 수가 없다.

예수님은 당신을 가리켜서 "알파와 오메가요 처음과 마지막이라(요한계시록 21:6)"고 하셨다.

짐승은 시작도 없고 끝도 없는 것이 짐승이지만 사람은 시작과 끝이 분명한 것이 사람이다.

좋은 것이 무엇인지를 안다면 그것을 선택하여 계획하고 또한 그것을 성취하기까지 노력하는 것이 사람이라면 시작을 아름답게 하고 끝마침도 아름답게 마무리를 해야만 될 것이다.

이제 희망찬 한해를 시작하는 첫 달이다. 금년에는 좀 더 사람을 살게 하는 계획을 세워보자, 환경을 좋게 하는 계획을 세워보자. 더 나아가서 크리스천으로서는 하나님께 영광을 돌릴 수 있는 계획을 세워보고, 자신에게는 한 단계 업그레이드되는 계획을 세워보자 반드시 좋은 결과가 오리라고 확신한다.

한이 없는 은혜

예수께서 이런 비유를 하셨다. 어떤 임금이 빚진 종들과 회계를 하게 되었다. 그때 일만 달란트(약 3,360,000,000원) 빚진 종이 갚을 것이 없자 임금이 처와 자식들과 모든 소유를 다 팔아 갚도록 명한다.

그러자 종은 절하며 애원하며 조금만 참아주면 다 갚겠노라고 대답하지만 임금은 그 사람의 사정을 다 아는 고로 그를 불쌍히 여겨 그 빚을 공짜로 다 탕감해 준다.

종은 좋아라하며 나가다가 자신에게 백 데나리온(약 2,200,000원)을 빚진 동료를 만나게 되는데 그는 동료의 목을 잡으며 빚을 갚으라고 한다. 그 때 그 동료도 조금만 참아주면 다 갚겠노라고 사정하지만 그 종은 동료를 감옥에 넣고 자기의 빚을 갚도록 명한다.

이 소식이 임금의 귀에 들어가자 임금은 그 종을 불러다가 호통을 친다.

"악한 종아 네가 빌기에 내가 네 빚을 전부 탕감하여 주었거늘 내가 너를 불쌍히 여김같이 너도 네 동료를 불쌍히 여김이 마땅치 아니하냐?"하면서 임금은 노발대발 탕감해준 것을 무효 시키며 그 빚을 다시 갚도록 벌을 내린다.

그러시면서 예수께서는 "너희가 각각 중심으로 형제를 용서하지 아니하면 내 천부께서도 너희에게 이와 같이 하시리라"고 말씀 하셨다.

이제는 어떤 소리를 질러야 하는가?

신약성서 마태복음 27장에 보면 하나님의 아들 예수님께서 대제사장들과 장로들에게 고소를 당하여 서기관들과 그 외 유대교의 무리들손에 이끌리어 결박을 당한 채로 빌라도 총독의 법정에 서게 된다.

총독은 예수님을 조사했으나 죄목을 찾지 못했지만 군중 심에 이끌리어 예수님을 죄인으로 만든다. 그리고는 명절 때에 전례에 의하여 죄수를 한사람 석방을 시켜 주는데 정치범인 바라바라는 사람과 예수님을 놓고 누구를 살려주기를 원하느냐고 묻자 백성들은 예수는 죽이고 바라바는 살려달라고 소리를 지른다. 빌라도 총독은 백성의 소리 지름에 못 이겨 결국은 죄가 없으신 예수님을 죽게 하고 바라바는 살게 한다.

대한민국 서울과 전국 대도시에서는 2017년 한 겨울이 다 가도록 대통령을 '탄핵시키' 라는 소리가 요란했다. 아니 요란하다기 보다는 횃불을 들고 광란을 했다. 이에 맞서서 한편에서는 대통령이 탄핵되면 안 된다고 태극기를 들고 소리를 지르고 함성을 울렸다.

결국에는 대통령이 탄핵이 되었고 또 감옥에 가게 되었다. 그리고는 한쪽 구석에서 차기 대통령의 후보자들이 자기들이 옳은 사람이라고 소리를 지르고 있다.

이제는 어떤 소리를 또 질러야 하는가...?

공의(公義)의 법과 사랑(愛)의 법

성경을 다른 말로 하면 '법전'이라고도 한다. 이유는 성경 속에 모든 율법이 다 들어있기 때문이다. 성경 속에는 약 613가지의 율법이 들어 있는데 이것을 크게 세분하면 종교의식법이 있고, 생활법이 있고, 십계명이 있다.

그런데 하나님께서는 왜 이스라엘 백성들에게 이렇게 많은 수백 가지의 율법을 제정해 주셨을까? 그 목적은 한마디로 요약하면 '더 잘살고', '더 행복하게 살아가게 하기 위해서' 만들어 주신 것이다.

그런데 이 수 백가지의 율법을 두 부분으로 나누면 '공의의 법과 사랑의 법'으로 나누게 된다.

'공의(公義)'란 무엇인가? 공평하고 의로운 도리를 말하는데 이것은 선악의 제재를 공평하게 하는 하나님의 적극적인 품성을 말하기도 한다. 그래서 사람들은 정직하고 진실하며 참되고 올바르게 사는 것이다.

또한 '사랑(愛)'이란 무엇인가? 많은 표현이 있지만 그 중에 하나는 어떤 존재를 아끼고 귀중히 여겨서 좋아하는 것을 가리켜 사랑이라고 할 수가 있다. 그래서 헌신하며 희생하고 섬기면서 높여 주고 귀중히 여기는 것이다.

그런데 중요한 것은 '공의의 법'을 들이대면 죽게 되지만 '사랑의 법'은 살게 한다는 것이다.

진짜 사랑

목사는 말을 많이 하는 것이 목사이다. 설교는 말이기 때문이다. 그러나 그 말이 '허풍'이 될 때가 종종 있다. 기독교는 사랑의 종교이다. 사랑은 말로 되는 것이 아니고 그 자체가 사랑이다.

예수 그리스도는 사랑이시다. 그래서 "네 원수를 사랑하라"고 하셨는데 그 분은 말로만 하신 것이 아니라 그 말 자체가 되셨다. 그래서 그분이 십자가에서 죽으시던 날 그렇게 욕하고 때리고 채찍으로 살점을 후벼 갈기고 쇠못으로 손과 발목에 박고 조롱하는 그들을 위해 축복하시면서 용서해 달라고 하나님께 기도하시면서 죽으셨다.

어떻게 그렇게 하실 수가 있으셨을까?

예수 그리스도는 '사랑' 그 자체이시기 때문에 충분히 그렇게 하실 수가 있으셨던 것이다.

그런데 작금의 목사는 말은 잘 하는데 그 말대로 되어 지지가 않고 있는 것 같다. 어쩌면 진짜가 아니기 때문이 아닐까?

한 몸 사랑

신약성서 에베소서 5장에 보면 아내와 남편은 한 몸인데 남편은 아내를 자기 몸을 사랑하는 것 같이 아내를 사랑해야하며 여자는 자기남편에게 존경하라고 말씀하고 계신다. 이것은 행복한 가정의 중요한 원리가 되는 말씀이다.

그런데 작금의 한국사회 가정들을 살펴보면 아내와 남편이 한 몸이 되지가 않아서 따로따로 사는 경우를 많이 보게 된다. 남편은 아내를 향하여 "당신은 내 몸의 한 지체"라고 말을 할 수가 없어서 결혼은 했으되 아내를 사랑하지 않고 혼자서 인생을 생각하며 살아가고 있다.

아내 역시 남편을 향하여 "당신은 나에게 있어서 존경의 대상입니다."라고 말을 할 수가 없어서 그 남편을 무시하고, 외면하고, 천대 시 여기면서 한쪽으로는 그 남편과 같이 사는 것조차 부끄러운 것처럼 여기면서 존경하지를 못하고 사는 사람들도 많이 있다.

가정이란 한 남자와 한 여자가 만나서 한 몸을 이루는 것이 가정이라면 한 몸을 이루기 위해서는 사랑하며 존경할 수가 있어야만 되는 것이다.

망둥이가 뛰니까 꼴뚜기도 뛴다

우리나라의 속담 중에 '망둥이가 뛰니까 꼴뚜기도 뛴다.'는 말이 있다. 그 말의 의미는 '남이 하니까 자기도 덩달아서 따라하는 그런 경우'를 나타낼 때 쓰는 용어이지만 꼴뚜기는 전혀 뛰지 못하는 것이 꼴뚜기인데 그 꼴뚜기가 뛰는 것은 전혀 하지 못하는 사람이 덩달아서 따라 할 경우를 일컬어서 말 할 때 사용하는 속담이다.

지난 10월 14일 날 서울에서는 꼴뚜기들이 뛰는 경우가 있었다. 그것은 얼마 전에 우리나라의 근로자들이 시위를 한 것처럼 외국인 근로자들도 최저임금을 올려달라고 시위를 하는 모습이었다. 참으로 기가 막힌 일이 아닐 수 없다.

물론 한국에 와서 고생하며 일을 하고 있는 것은 안타까운 일이다. 하지만 어떻게 남의나라에 와서 임금 때문에 시위를 할 수가 있느냐 하는 것이다.

더 나아가서 그러한 시위를 허락한 당국은 도대체가 무엇을 위하고 누구를 위하는 사람들이며 대한민국의 공무원으로서와 국민으로서 제정신이 있는 것인지 가슴이 답답하기만 하다.

아마도 꼴뚜기의 앞잡이가 아닌지 모르겠다.

배려하는 자의 행복

어린이의 아버지라고 불리는 '페스탈로치'(1746년 스위스사람, 교육철학자이며 문화예술인)의 일화 중에 이런 이야기가 있다.

어느 날 길을 가던 노인이 무엇인가를 주섬주섬 길거리에서 주어가지고는 자기주머니에다가 넣고 있었다. 멀리서 이러한 광경을 지켜보던 한 경관이 이 노인 곁으로 다가와서는 다짜고짜 한마디 건네었다

"무엇을 그리 줍고 계십니까? 남의 물건을 주었으면 경찰서에 신고하여야 된다는 사실을 노인께서도 알고 계시지 않습니까?"

이 말을 들은 노인은 빙그레 웃으면서 하는 말이 "별 것 아닙니다. 어서 그냥 가시지요"

경관은 더욱 궁금하다는 표정으로 "이리 내어 보세요."하면서 호주머니를 열어 방금 주워 넣은 것을 꺼냈다.

그리고는 깜짝 놀라면서 의아하게 생각하고는 멈칫하고 있으려니 그 노인은 또 다시 빙그레 웃으면서 하는 말이 "깨어진 유리 조각이 길거리에 버려져 있으면 아이들이 다칠까봐서요..."하고는 말문을 닫고 어디론 가를 향해 가고 있었다.

어린아이들을 사랑해서 그 아이들을 사랑해서 배려하는 마음

으로 깨어진 유리조각에 의하여 행여나 그 누군가가 그만 잘못 하여 다치면 안 되겠기에 그 누구도 하기를 꺼려하고 싫어하는 일을 손수 생활 속에서 실천하며 살아오셨던 그 아름다운 정신은 그로 하여금 행복하게 해 주었을 뿐만 아니라 그 자신마저도 훌륭한 인격자로 역사에 교훈하고 있다.

'작은 배려...' 그것은 아무것도 아닌 것처럼 하찮게 여겨지는 일들이다. 그러나 그 작은 배려는 사람을 살게 하고 사회를 아름답게 하고 인간세계를 맑게 하는 활력소인 것이다.

현대문명이 과학과 함께 발달하면서 지식과 경제 수준은 높아지고 있는 것에 반하여 도덕수준과 윤리는 땅에 떨어져 무너지고 있는 것은 누구나 한결같이 통탄하며 동감하고 있는 것이 현실이다. 이것에 비례하여 인정은 메말라가고 인심은 사나워지고 말았으며 이웃에 대한 배려는 찾아보기가 매우 어려운상황이 이 시대다.

1960~70년대에는 비록 전쟁이 마친지 얼마 되지는 않아서 살기가 경제적으로 매우 어려운 때였었다. 그러나 우리나라는 동방예의지국이라는 명분하에 아이들이 어른들을 보면 존경하고 공경하는 마음으로 공손하게 엎드려 절을 하며 인사를 드렸었고 "이~놈" 하고 꾸중을 하면 무릎을 꿇고 두 손을 비비며 잘못을 사죄하곤 했었다. 그리고는 먹을 것이 있으면 서로서로 나누어 먹으려고 애를 쓰며 상대방을 배려하고 동정하며 살았던 때가 우리나라 대한민국이었다. 그래서인지 격언 중에 '콩 한 개도 나누어 먹던 시절' 이라는 말이 생긴 모양이다.

그런데 현실은 참으로 냉정한 시대인 것만 같아서 마음이 사뭇 에려올 때가 종종 있곤 한다. 다 세대가 살고 있는 빌라나 아파트에서는 이웃집에 누가 살고 있는지 확인조차 할 수 없는 교류가 단절된 시대이며 '사촌이 땅을 사면 배가 아프다'는 속담처럼 남이 잘되면 시기와 질투로 상대방을 모욕하며 심지어는 살인과 만행이 끊이지 않고 일어나고 있는 것이 현실이다. 무엇인가 잘못이라 여겨져서 말을 했다가는 아예 원수같이 여겨서 언제인가는 반듯이 보복을 당하고야 말고, 자그마한 배려를 베풀려 하노라면 혹시 사기꾼이 아닌가 하고 의심을 받아야 하는 현실, 그래서 지도를 할 수조차 없고 무엇을 나눌 수도 없는 암울한 시대를 살고 있는 것이 우리의 사회가 되고야 말았다.

예수께서는 "그러므로 무엇이든지 남에게 대접을 받고자하는 대로 너희도 남을 대접하라 이것이 율법이요 선지자니라(마태복음 7:12)"고 교훈하시면서 내가 먼저 남에게 배려를 해야 됨을 말씀하셨다.

무엇인가 남에게 먼저 배려하는 자는 행복한 사람이다. 그 사람은 마음이 넉넉한 사람이고 가슴이 따뜻한 사람일 것이다. 경제적으로 부유해서가 아니라 비록 움막 속에 살아가더라도 이웃을 향해 배려하며 살아가려고 하는 그의 삶은 매우 아름다운 열매를 거두게 될 것이다.

이제부터는 너도나도 배려하며 살아보자. 누가 알아주어서도 아니다. 그렇다고 공로의 표창장을 못 받아서도 아니다. 작은 가슴에서 우러러 나오는 따뜻한 사랑 속에서 되어지는 아름다운 인격의 모습에서 나타나는 일들인 것이다.

누가 더 안타까운 일일까?

구약성서 에스겔서를 보면 하나님께서 에스겔 선지자를 향하여 이스라엘 백성들의 무지함과 목매함을 깨우치도록 파수꾼이 되어서 외치라고 명령을 하신다.

그 외침의 주제는 "악한 길에서 돌아서서 하나님을 경외하라 그렇지 않으면 그 악으로 인하여 죽게 되며 이스라엘이 망하게 된다."는 것이었다.

이를 위하여 하나님께서는 에스겔 선지자를 통하여 여러 가지 제스처를 보여주게 하셨는데 한번은 "말 못하는 벙어리로" 그 다음에는 "성읍을 에워싸는 것으로" 또 한 번은 "좌우로 눕는 것으로" 또 한 번은 "보리떡을 인분으로 굽는 것으로" 또 한 번은 "머리털과 수염을 깎는 것으로" 등등 여러 각색으로 이스라엘 백성들이 깨우쳐 돌아서기를 갈망하시면서 이스라엘 민족이 죽지 않고 또 망하지 않고 살기를 원하셨던 것이다.

그런데 이스라엘 백성들은 "그러함에도 불구하고 그들은 끝내 돌아서지를 않고 우상숭배와 악을 행하였다" 그리고는 결국 나라는 망하게 되었고 백성들은 이웃나라에 포로가 되어 노예로 사는 비극을 갖게 되었다.

아름다운 열매

지난 5월 16일에 필리핀 카비테 탄자 군 트리 기념교회에서는 열 쌍의 부부가 탄생하게 되었다. 이들은 이미 살고는 있었지만 형편이 어려워서 결혼 예식을 올리지 못하고 그냥 동거하면서 자녀를 두고 살고 있었던 가정들이었다.

그곳 현지 선교사를 통해 소식을 전해들은 기념교회 성도들은 십시일반으로 헌금을 하여 그들의 결혼비용을 충당하고 담임목사님의 주례로 예식을 거행하게 되었던 것이다.

예식 후에 피로연은 한국식이 아니고 그곳에 모인 하객들과 전체가 모여서 춤추며 노래하면서 축하를 하게 되었는데 모든 순서를 마무리할 무렵 결혼한 가정들의 소감을 한 가정씩 듣는 순서가 있었다.

두 서너 가정의 소감을 듣고 난 후 다음 가정이 소감을 이야기 하게 되었다. 그런데 그 가정의 이야기를 듣고 있는 장안은 온통 눈물로 훌쩍이고들 있었다. 특히 신부들은 연신 흐르는 눈물을 닦느라고 두 손이 바쁘게 움직이고 있었다. 아마도 같은 입장에서 있었기 때문일 것이다.

사연인즉 "자기는 평생 결혼식을 올리지 못할 것 같아서 늘 죄책감 속에 눌려 있었는데 오늘에서야 해방이 된 기쁨 속에 너무 감사하다"는 것이었다.

예수님과 사람의 다른 점

예수님은 말씀(로고스)에 살(사르크)을 입혀 육체 즉 몸(소마)가 되셨다(요한복음 1:14).

사람은 뼈(소마) 에 살(사르크)를 입혀 육체 즉 몸(소마)가 되었다.

그러므로 예수님과 사람은 근본이 다르고 속성이 다르기 때문에 사람은 절대로 예수가 될 수 없는 것이다(요한복음 1:1).

다만 선포된 말씀 (레마)에 의하여 예수님처럼 닮아가서 예수님께서 하시던 일을 할 수 있는(레고) 사람이 될 수는 있을지 모르지만 절대로 말씀(로고스) 그 자체는 될 수가 없는 것이다(요한복음 1:1).

보혜사의 다른 점

성경에서 말하는 '보혜사' 라는 말은 헬라어로 '파라클레토스' 라는 단어인데 그 의미는 '돕는 자', '변호자', '안내자', '중보자' 라는 뜻이다.

그런데 하나님 앞에 파라클레토스 즉 보혜사는 오직 진리의 성령 한 분밖에는 아무도 없다(요한복음 14:16-17). 왜냐하면 '하나님은 영' 이시기 때문이다.

사람은 사람에게 파라클레토스 즉 보혜사가 될지는 혹 모르거니와 하나님께는 절대로 보혜사 즉 파라클레토스가 될 수가 없는 것이다.

왜냐하면 하나님은 영이시지만 사람은 육체를 가진 인간이요 진리의 영이 아니기 때문이다.

정신없는 국회의원 교인들

우리나라의 국회의원들 중에 2018년 현재 기독교인이 약 30 명가량이 된다고 한다. 작금의 기독교계는 나라의 정치와 힘겨운 싸움을 하고 있다. 그 종목은 첫째는 동성애반대, 둘째는 차별금지법, 셋째는 조례인권의 법과 넷째는 종교세법이다.

이를 위해 대한민국의 목사들은 정부와 대립하여 반대운동에 혈안이 되어있다. 그런데 이러한 법들을 국회에서 통과를 시키려하고 있어 더욱 치열하게 기독교계는 반발하고 나서는 입장이다.

그렇다면 국회의원이 된 기독교인들은 지금 어떠한 생각들을 가지고 있는 것일까? 만일에 그들이 진정한 크리스천들이라면 왜? 교계에서 외치고 있는 것들에 관하여 잠잠하며 방관만 하고 있는 것일까? 정치인이기 때문일까? 아니면 그들의 생각과 달라서일까? 그것도 아니라면 그들은 틀림없는 가짜교인들 일 것이다.

만일에 그들이 진정한 그리스천들이라면 성경과 위배되는 짓을 하는 정부를 향하여 교계가 부르짖는 목소리에 앞장서서 외쳐야 될 것이며 전면적으로 나서서 힘을 실어야만 될 것이다.

세상에서 제일 행복한 사람

세상의 사람들이 느끼면서 생각하는 행복지수의 비중은 사람들마다 각각 천차만별로 다른 것을 알 수 있다. 그중에서 대표적인 것을 꼽는다면 돈이 많아 부귀를 누리는 것을 우선 제일로 여기고 그 다음이 권세를 가지는 것과 명예를 갖는 것을 순서로 나열할 수가 있을 것이다.

그러나 이러한 것들을 소유한 사람들에게 "당신은 행복하십니까?"라고 물으면 한결같은 대답이 "아니다"라고 말을 한다. 왜 그럴까? 행복이란 이 땅위에서 눈에 보이는 것으로 되는 것이 아니기 때문이다.

일간의 사람들의 말에 의하면 세상에서 가장 행복을 느끼는 사람들은 "아프리카의 아마존 지역 사람들" 이라고 한다. 그 사람들은 선진국에서 누리며 갖는 문화의 혜택은 전혀 갖지 못하고 있는 사람들이다.

그런데 어찌 그 사람들이 제일로 행복을 느끼고 있을까? 그들의 행복 지수는 '무엇을 소유했느냐' 가 아니라 '어떻게 사느냐' 를 말하게 되는데 그것은 '사랑하며 살기 때문' 이다.

사랑하며 사는 사람은 세상에서 제일로 행복한 사람이다.

새봄을 맞이하는 인생

유명한 화가이자 시인인 '단테 가브리엘 로제티(Dante Gabriel Rossetti)'에게 어느 날 한 노인이 찾아왔습니다. 그 노인은 자신이 그린 그림과 스케치 몇 점을 꺼내 보이며 화가에게 평가를 부탁했습니다. 자기에게 화가로서 재능이 있는지 알고 싶다는 것이었습니다.

화가는 그 그림들을 주의 깊게 보았습니다. 하지만 그 그림들에는 최소한의 미술적 재능도 들어 있지 않았습니다. 노인을 실망시키고 싶지 않았지만, 화가는 거짓말을 할 수는 없었습니다.

"음, 이 그림들에서는 미술적 재능을 별로 찾아볼 수 없군요."

노인은 실망한 기색이 역력했습니다. 하지만 노인은 화가의 그러한 평가를 조금 예상한 듯했습니다. 노인은 시간을 빼앗아 미안하다고 사과하고는, 다시 그림 몇 점을 더 봐달라고 부탁을 했습니다. 그런데 화가는 그 그림들을 대충보고서도 그것들이 놀라운 재능을 드러내 보이고 있음을 금방 알 수 있었습니다. 화가는 흥분해서 소리쳤습니다.

"이 그림들은 정말 뛰어나군요! 이 학생은 놀라운 재능을 갖고 있습니다. 어떤 도움이든 주어서 이 친구가 꼭 화가의 길을 가도록 해야 합니다. 열심히 노력한다면 이 젊은이에게는 화가로서 밝은 미래가 기다리고 있어요. 정말 뛰어나군요!"

노인은 화가의 말에 깊이 감동했습니다. 화가는 노인에게 물었습니다.

"이 훌륭한 젊은 화가가 누굽니까? 아드님입니까?"

노인이 슬픈 목소리로 대답했습니다.

"아닙니다. 그건 40년 전의 나입니다. 그때 내가 당신의 칭찬을 들었더라면 얼마나 좋았을까요. 하지만 아무도 그렇게 말해 주는 사람이 없었습니다. 그래서 난 용기를 잃고 포기했습니다. 그것도 너무나 쉽게 좌절하고 말았습니다."

만약 이 노인이 젊은 날에 그림에 대한 재질과 재능이 있음을 알고, 관심과 격려를 해 준 사람이 있었다면 아마도 훌륭한 화가가 되었을 것입니다.

요즘 우리가 살고 있는 현실을 목도해 보면 너무도 안타깝고 아쉬운 일들이 많이 일어나고 있는 것 같습니다. 그 중에서도 부모가 어린자식을 죽여서 암매장하는 일들은 모든 사람들의 마음에 큰 충격을 안겨다 주고 있습니다. 자식을 죽이는 유형은 여러 가지로 드러났지만 너무나 끔직한 일들이기에 무어라 말로 표현하기가 어렵습니다.

그런데 왜? 그러한 일들이 벌어지고 있는 것일까? 그렇다고 우리가 살고 있는 대한민국이 아니 이 사회가 그렇게까지 미개하거나 못사는 나라도 아닌데 어찌 그러한 일들이 일어나고 있는 것일까?

곰곰이 생각해 보면 '역시 그런 사람들은 앞서 말한 노인처럼 자신을 잃어버린 사람' 임에는 틀림이 없는 것 같습니다. 그래서 우울증을 앓고 있고, 정신분열증을 가지고 있고, 자신과 세상을 비관하고 있으며, 배려가 없고 자기만 아는 이기주의로 가득 찬 사람들이었습니다.

4월은 모든 만물들이 소생을 하여 새로운 세상을 만들어 가는 계절입니다. 산과 들에는 꽃들이 만발을 하고 나무들은 새움을 틔우고 희망의 노래를 부르는 계절이기도 합니다. 그 자연 속에 소생하는 만물들은 냉혹한 엄동설한 속에서도 얼어 죽지아니하고 그 혹한을 이기고 꿋꿋하게 살아남은 것들이기도 합니다.

그것들은 그 어떤 것도 비관할 여지없이 그저 따스한 봄볕을 비춰주는 것만이라도 감사하여 굳어진 대지와 나무껍질을 비집고 헤쳐서 소생을 하는 것입니다. 그리고는 모든 사람들에게 버젓이 자신들의 자태를 뽐내면서 아름다움을 보여주려고 열심히 물을 끌어올려 푸르름과 화사함을 만들어 놓습니다.

하나님이 만드신 모든 사람들은 나름대로의 훌륭한 점들이 누구나 다 있는 것입니다. 우리는 그것을 찾아서 자신의 인생과 아름다운 사회를 만들어가야 될 것입니다.

이제는 어두운 그늘 속에서 축 늘어뜨리고 자신과 이웃을 원망하며 비관하는 인생으로 사는 것이 아니라 세상의 모든 사람들에게 밝은 웃음과 환한 세상을 만들어 가는 사람으로서의 인생임을 보여 주어야 될 것입니다.

지금 이글을 읽고 있는 당신은 참으로 아름다운 사람임에는 틀림이 없을 것입니다. 그리고 당신이 있음으로써 이 사회는 분명히 아름다운 사회가 될 것이며 당신을 통하여 훌륭한 한 폭의 그림과 같은 역사의 장이 그려질 것을 확신합니다.

교회가 진정 전해야할 메시지

어느 날 한 성도님께서 찾아오시더니 다짜고짜 하시는 말씀이 “목사님 엿새 동안 직장에서 일하느냐고 지쳐있는 사람들에게 주일날만이라도 좀 쉬게 하셔야지 교회만 오면 하루 종일 붙잡아놓으시니 어떻게 교회를 다니겠어요.”하는 것이었다.

그래서 그런지는 모르지만 오늘날 한국교회의 강단 메시지를 들어보면 거의 대다수가 “사람들의 마음을 위로하며 그들의 말을 들어주시는 하나님”을 강하게 외치고 있는 것을 알게 된다. 그러다 보니 ‘맘몬의 복음’, ‘육체의 복음’, ‘출세와 성공의 복음’ 만 전하는 교회가 되었고 또 그러한 설교만 ‘좋아라’ 하는 교인들이 되고야 말았다.

교회가 진정으로 외쳐야 할 복음은 ‘예수님 십자가 구원의 복음’과 함께 ‘주님을 사랑하여 주님께 헌신하는 복음’ 그리고 ‘회개의 복음’, ‘사람의 뜻을 세우기보다 하나님의 뜻을 우선하는 복음’을 전해야만 된다.

그 복음은 사람들이 듣기를 싫어하거나 거부를 하거나 더 나아가서 비록 내가 시무하고 있는 교회를 떠나 다른 교회로 간다 하더라도 전해야만 된다.

양이 없는 목자

한국에는 어느 때부터인가 신학교가 많아졌고 이를 통해 우후죽순처럼 목사들이 많이 배출되었다.

'목사'라는 말을 다른 말로 하면 '목자'라고도 한다. 목자는 하는 일이 양을 치는 것이 목자이다. 그런데 한국에는 양이 없는 목사들이 너무도 많은 것 같다. 그리고는 목사 앞에 무슨 대명사를 붙여 넣어서 '음악목사', '복지목사', '찬양목사' 등 자신들을 합리화 하고 있는 성향이 있다. 그래서인지는 모르지만 목사가 이중 직업을 가져도 된다고 주장하면서 '택시기사목사', '부동산목사', '정치인목사' '병원목사' 등 다양한 방면으로 목사들이 편재해 있다.

왜? 무엇하려고 목사가 되었는지 모르겠다. '목사'라는 말이 진정으로 '목자'라는 말과 같다면 양이 없는 목자는 어쩌면 "목자장이시며 주인이 되시는 주님께서 양무리를 맡기지 않으셨거나 아니면 자기 스스로가 목사가 되어 명예만 가지고 있는 가짜들"일 것이다.

목사 공장

한국에는 어느 때부터 인가 신학교가 많아졌고 이를 통해 우후죽순처럼 목사들이 많이 배출되고 있다. 그런데 문제는 신학교에서 정규 교육을 받지 않은 사람들을 고시료 몇 푼을 받고는 목사안수를 단기간 내에 허락하는 것과 또한 정규 교육을 받지도 않은 상태에서 단기간 내에 목사가 되려는 사람들이 많이 있는 것이 문제이다.

신학적 지식으로나 목사의 자질과 인격적으로 갖추어지지도 않은 사람들에게 목사안수를 주어서 숫자적으로 자기들의 영역권을 넓히려는 일부 목사 공장의 사람들 때문에 같이 춤을 추고 목사가 된 사람들이 일선에 나가서하는 일들을 보면 가관이 아닐 때가 너무도 비일비재하다.

그런 결과로 인하여 한국에는 목사들이 많은 것에 반하여 기독교계는 혼란 속에 휩싸여 있고 성도들은 푯대를 잃고 방황하며 세상에 나아가서는 빛과 소금의 역할을 다하지 못하여서 사회는 흑암 속에서 허덕이며 썩어져 가고 있다. 진품의 목사가 그리운 때이다.

내 나이가 어때서

어느 대학교 교수가 '사람의 창의력 지수'에 대하여 연구를 했다고 한다. 제일먼저 60대 나이의 노인들을 상대로 조사를 해 보니까 5%정도 밖에는 창의력을 가진 사람이 없었다. 나머지 95%는 모두가 다 노력하고 연구해서 그 어떤 것을 창출해 내어야 되더라는 것이다.

그래서 나이가 들어서 그런가 하여 다음에는 40대 나이를 대상으로 조사를 해 보니 놀랍게도 40대 나이에도 5%밖에 안 되더라는 것이다.

너무도 의아해서 다음에는 30대 나이를 대상으로 조사를 해보니 역시 5%이었고 20대를 대상으로 해도 5%이었다는 것이다. 너무도 신기하여 마지막으로 어린 유아들을 상대로 창의력을 조사하니까 유아들은 95%로의 창의력을 가지고 있더라는 것이다. 그러니까 태어날 때부터 가지고 있는 창의력은 30대나 60대나 마찬가지이므로 노력을 해서 개발시키고 성공하는 것이지 나이가 들어서 무엇을 못한다고 하는 것은 자신을 그 어떤 틀 안에다가 가두어 놓는 결과가 되므로 나이가 들었다고 자신을 도태시키면 그만큼 더 빨리 늙을 뿐만 아니라 실패의 삶을 살 수밖에 없다는 것이다.

장맛비와 같은 은혜

요즘 우리나라는 장마철을 맞이하여 연일 국지성 소나기가 내리고 있다. 한 때는 너무 가뭄 속에 저수지가 바닥이 다 탈 정도로 메말랐던 곳들이 하늘에서 비가 내리니까 이제는 물이 범람해져서 난리들이다. 그래도 메마른 것보다는 물이 범람한 것이 더 좋은 것 아니겠는가?

구약성경 열왕기상에 보면 엘리야 선지자 시대에 '아합'이라는 왕이 있었다. 그가 하나님을 버리고 우상을 섬길 때에 하나님께서는 이스라엘이 돌아오기를 바라시는 뜻으로 삼년 육개월 동안 비를 내리지 않게 하셨다. 그 후 엘리야선지자를 통하여 기도하게 하신 후 다시 비가 내려서 하나님이 살아계심을 알고 믿고 순종하게 하시어 복된 삶을 살게 하셨다.

이제 몇 날이 지나고 나면 여름 휴가철을 맞이하게 된다. 휴가철이 되면 너도나도 바다와 산과 해외로 여행을 떠난다. 그러나 크리스천들은 모처럼의 휴가를 은혜 받는 일에 사용하면 어떨까? 분명히 장맛비 같은 은혜를 받게 되리라 믿는다.

반드시 회복해야만 된다

구약성경 에스겔서 37장을 보면 하나님께서 그의 영으로 에스겔 선지자를 어느 골짜기 가운데에 두셨는데 그 곳에는 마른 뼈들이 가득했다. 그것을 보여주신 하나님께서는 "이 뼈들이 살겠느냐"고 여쭈신다. 그리고는 대언해서 "하나님의 말씀에 뼈들에게 생기가 들어가게 하라"고 하셔서 그대로 했더니 뼈들이 살아났고 그 숫자는 큰 군대를 이루게 되었다. 그러시면서 그 뼈들이 살아나는 것은 이스라엘 백성의 모습이라고 일러 주셨다.

그런데 이스라엘 백성들만 마른 뼈가 된 것은 아닌 것 같다. 현대를 살아가는 사람들 중에도 이와 같은 삶들이 너무 많은 것을 보게 된다.

돈은 있는데 소망이 없고, 건강은 있는데 즐거움이 없고, 명예와 권세는 있는데 만족이 없는 사람들이 있는가하면 이것도 없고 저것도 없어서 마치 마른 뼈와 같은 백성이 되어 소망을 잃어버린 채 절망과 탄식과 원망과 불만 속에 매일같이 살아 갈 수밖에 없는 인생이라면 지금 생명이시고 능력이 되시며 삶의 구원이 되시는 하나님의 말씀을 듣고 살아나야만 된다.

예수님이 당하신 고난을 묵상하자

금년에는 교회력으로 고난주일과 부활주일이 모두 다 3월중에 들어있다.

지금 세계적으로 수많은 크리스천들은 사순절을 맞이하면서 예수님의 고난 받으심을 기억하며 그 고난에 참여하고자 마음을 근신하고 생활을 절제하며 묵상과 기도로 나날을 보내고 있다.

'트루만 데이비스'와, '알렉산더 메드럴' 의학박사에 의하면 십자가의 죽음을 앞둔 예수님이 겟세마네 동산에서 기도하실 때 땀방울이 핏방울이 되었다는 누가복음 22장44절의 성경말씀을 토대로 설명하기를 "이런 현상은 예수님이 너무 열심히 기도하신 나머지 땀샘에서 땀과 피가 섞여 나온 것인데 이것을 의학적 용어로 '혈한증(hematidrosis)'이라고 한다."면서, "이러한 현상은 사람이 엄청난 스트레스를 받으면 땀샘에 있는 모세혈관이 터져서 소량의 피가 땀샘에 들어오게 되는데 이때에 땀과 함께 피가 섞여 밖으로 나오게 되면 핏방울같이 보인다."는 것이다.

예수님도 인간인지라 십자가를 지고 죽는다는 것이 얼마나 심리적으로, 육체적으로 스트레스를 받으셨을까? 그래서 기도하시다가 땀방울에서 핏방울이 같이 나왔던 것이다.

예수님이 기도하신 후 산에서 사람들에게 잡히셔서 끌려내려 와서는 총독 빌라도의 관정에 들어 가셨을 때는 군사들이 주님의 옷을 벗기고 홍포를 입히고 가시관을 엮어 머리에 씌우고 희롱을 하면서 예수님의 얼굴에 침을 뱉고 갈대로 머리를 쳤으며 손으로 때리기까지 하였다.

그리고 예수님을 채찍으로 때리기를 시작하는데 채찍에 맞으신 예수님은 골격과 근육이 찢어지고 살점은 떨어져 나가 온 몸이 피범벅이 되시고야 말았다.

3세기 역사가 '유세비우스'는 채찍에 맞으신 예수님에 대하여 이렇게 말했다.

"채찍을 맞는 사람의 정맥이 밖으로 드러났고, 근육, 근골, 창자의 일부가 노출되었다. 예수님은 이미 십자가에 달리기 전의 상태는 매우 위독한 상태이셨다."고 한다.

그 원인은 고통도 고통이겠지만 대부분 '저혈량성 쇼크' 때문이라고 한다.

'저혈량성 쇼크'란 쉽게 말해서 피가 부족하다는 뜻인데 저혈량성 쇼크 상태의 증세는 다음과 같은 것을 말한다.

첫째는 심장이 더 이상 피를 못 퍼 올리게 되고, 또한 혈압저하의 상태를 갖게 되며 정신이 몽롱해지거나 기절하는 경우가 있고 신장에 남아있는 피의 양을 유지하기 위해 소변의 역할이 중지 될 뿐만 아니라 몸에서 액체를 요구하기 때문에 목이 아주 마르게 된다고 한다.

이렇게 고통을 당하여 지치고 쓰러져가는 예수님에게 로마의 군인들은 십자가를 등에 지고 45도가 되는 가파른 골고다 언덕길로 올라가게 했던 것이다.

이러한 사실에 대하여 이사야 선지자는 다음과 같이 말씀하셨다.

"그는 실로 우리의 질고를 지고 우리의 슬픔을 당하였거늘 우리는 생각하기를 그는 징벌을 받아 하나님께 맞으며 고난을 당한다 하였노라 그가 찔림은 우리의 허물 때문이요 그가 상함은 우리의 죄악 때문이라 그가 징계를 받으므로 우리는 평화를 누리고 그가 채찍에 맞으므로 우리는 나음을 받았도다 우리는 다 양 같아서 그릇행하여 각기 제 길로 갔거늘 여호와께서는 우리 모두의 죄악을 그에게 담당시키셨도다 그가 곤욕을 당하여 괴로울 때에도 그의 입을 열지 아니하였음이여 마치 도수장으로 끌려가는 어린양과 털 깎는 자 앞에서 잠잠한 양 같이 그의 입을 열지 아니하였도다 그는 곤욕과 심문을 당하고 끌려갔으나 그 세대 중에 누가 생각하기를 그가 살아 있는 자들의 땅에서 끊어짐은 마땅히 형벌 받을 내 백성의 허물 때문이라 하였으리요(이사야서 53:4-8)."

고난당하신 예수님! 왜? 무엇 때문에? 그러한 수모를 겪으면서도 변명 한마디 없이 입술을 굳게 다무신 채로 묵묵히 골고다의 언덕길을 가셔야만 하셨을까...?

금년은 그 어느 때보다도 성도들 가슴에 주님의 고난을 되새겨야만 주님의 길을 갈 수 있는 위기의 시대인 것만 같다. 정치적인 혼란과 정신적인 타락과 사회적인 부패 속에서 교회마저 이단들의 범람함을 인하여 신앙의 위기를 보여주는 이때에 주님의 고난을 감수하지 않고는 순수한 믿음을 유지할 수 없는 어두움이 만연된 지금 이 순간, 주님의 고난을 묵상하면서 그 발자취를 따라가는 크리스천들이 모두 다 되었으면 좋겠다.

예수님의 피서

피서 철이 되면 사람들은 바다와 산과 해외로 여행을 떠난다. 가는 사람들은 우선 먼저 먹는 것부터 메뉴를 짠다. 그리고는 즐거움을 갖기 위해 프로그램을 계획한다. 그러함에도 불구하고 피서를 갔다 와서는 후유증으로 고생을 하는 경우가 많은 것을 보게 된다.

예수님은 피서를 여름철에만 떠나셨던 것은 아니시다. 일상생활 속에서 낮에는 열심히 일하시고 밤이 되면 사랑하는 제자들과 함께 피서지로 향하셨다. 그리고는 때로 밤이 맞도록 기도하시면서 힐링(healing)하시고 다음날 또 열심히 사역을 하시면서 복음 전하시는 일에 분주하셨다. 얼마나 열심히 일하셨던지 때로는 식사할 겨를도 없이 일하셨던 것을 성경을 통하여 알 수 있다.

작금에 있어서 보면 사람들의 마음들이 조급해지고 있고 성격들이 화가 난 사람처럼 난폭해 지고 있다.

이러한 때에 예수님께서 하신 피서방법을 배우면 어떨까 한다.

미어캣(Meerkat)

'미어캣(Meerkat)'은 아프리카 남부의 건조한 곳에서 살아가는 동물로 보통 딱딱한 토양과 시야가 탁 트인 지형에서 10~30마리씩 무리를 지어서 생활한다.

꼬리를 제외한 몸의 길이가 약 30cm의 작은 동물이다. 이들은 포식자와 날씨에 스스로를 보호하기 위해서 직경 5m에 이르는 굴을 만들어 그 속에서 생활한다.

그런데 문제는 뱀, 전갈, 파충류 등의 먹이를 잡기 위해 땅을 파는 동안 솔개, 독수리, 매와 같은 포식자들에게 몸 전체가 노출이 된다는 것이다. 그래서 무리가운데 한 마리씩 교대로 보초를 선다.

만약 포식자가 나타나면 보초를 서던 미어캣이 소리를 질러 무리에게 알리고 먹이를 잡던 미어캣들은 재빨리 굴속으로 숨는다. 또한 상처 입은 미어캣의 경우 완전하게 자립할 때까지 굴 속에서 먹이와 돌봄을 제공받는다.

또한 이들은 새끼를 공동으로 양육한다. 이렇게 함께 생활하는 미어캣을 보면서 우리의 모습을 발견하면 좋겠다.

거지의 행복

어느 전도자가 전철역 부근에서 노방전도를 하고 있었다. 그 때 거지 엄마와 아들이 함께 앉아 지나가는 사람들에게 구걸을 하는 것을 보고 전도자는 그들에게 다가가서 복음을 전하기 시작했다. 그리고는 가까운 곳에 교회를 가르쳐주면서 그곳으로 출석하라고 일러주었다.

그러자 거지엄마는 대뜸 화를 내며 신경질적인 말투로 욕을 하면서 하는 말이 "왜? 남의 행복을 깨트리려고 하느냐 나는 이대로가 좋으니 그냥 내버려 두라 내가 어디를 가든지 때가되면 밥상을 차려주고 용돈이 궁해서 달라하면 주니 얼마나 편한가."하더란다.

얻어먹는 것으로 낙을 삼고 행복해 하고 있는 거지라면 주는 것으로 행복해 하는 사람이 더 좋은 것이고 이 세상에서 밥 한 그릇 얻어먹는 것으로 행복해 하는 거지라면 천국에서 영원히 살 것을 바라보며 행복해 하는 사람이 될 때에 더 행복한 사람이고, 아무것 없어도 행복해 하는 거지 앞에 가지고 가져도 만족을 모르는 사람들은 참으로 불행 중에 불행한 사람일 것이다.

경외를 받으실 하나님

나에게는 손자가 두 명이 있다. 그런데 손자들이 어릴 적에는 "할아버지, 할아버지"하며 응석을 부리고 매달리고 해서 귀여워해 주었는데 이제는 자기고집을 세우고 또 자기주장을 내세우면서 자기들의 말을 들어주고 자기들의 하고 싶은 대로 내버려두라는 것이다. 그러면서 억지를 부리고는 멋대로 행동을 하려고 하면서 점점 내말을 듣지 않으려 하며 버릇이 나빠지고 있는 것을 보게 된다. 아마도 그들의 생각 속엔 '할아버지는 자기들의 말을 잘 들어주시는 분' 으로 인식하고 있는 모양이다.

성도들이 신앙생활을 하는데도 이와 비슷한 양상을 보게 된다. 즉 하나님은 항상 언제나 좋으신 분이시므로 자신들의 삶은 어떠하든지 상관없이 그저 하나님은 자신들의 문제를 해결하셔야만 되는 분인 것이다. 그러다 보니 신앙의 질이 나빠지고 또 하나님을 두려워하거나 경외 심히 없어져서 마침내는 세속화가 되고야 만다.

분명히 알 것은 하나님은 경외를 받으실 분인 것이다.

장점을 보자

어느 분이 다음과 같은 글을 써 놓아서 함께 동감해 보고자 한다. 미국의 각 교회의 교파를 표현하는 재미있는 이야기다.

1) 감리교인에게서는 진실한 생활태도를 배우라.
2) 침례교인에게서는 신앙간증을 들으라.
3) 루터교인에게서는 충성된 교인임을 배우라.
4) 성공회교인에게서는 교인의 긍지를 배우라.
5) 퀘거교인에게서는 청결한 믿음을 배우라
6) 유대교인에게서는 종교의 고결함을 배우라.
7) 장로교인에게서는 기도의 생활을 배우라.
8) 구세군에게서는 봉사의 생활을 배우라.
9) 천주교인에게서는 교인의 보편성을 배우라.
10) 그리고 흑인들에게서는 그 열성을 배우라.

이해 못할 나라 대통령

대한민국은 참으로 이해하지 못할 나라이며 대통령은 더더욱 이해를 못하겠다.

전직 대통령이 임기가 다 끝나갈 무렵 새로운 대통령이 되고자 하는 사람들이 자기만이 적합한 사람이라고 하면서 너도나도 우후죽순처럼 후보자로 등단하게 된다.

그런데 후보들을 보노라면 더더욱 이해를 못하게 되는 것이 학벌이야 그렇다고 치지만 이념의 색깔이 전혀 애국적이지 못한 사람도 있다는 사실이다. 아니 대통령이 되어서 어쩌자는 것이란 말인가?

또 한 가지 이해하지 못할 것은 대한민국의 전직 대통령들은 한결같이 모두 다 감옥에 갔다는 사실이다. 어떻게 보면 감옥에 가려고 대통령이 된 것과 같은 생각이 들 정도이다.

한번 생각해 보자 대통령이 감옥에 갈 지경으로 정치를 했다면 그 나라는 어떠한 나라가 되었을까 분명 제대로 되지는 못했을 것이다. 그래서 대한민국은 요지경속이 되고 있는 모양이다. 아마 현직 대통령도 임기가 끝나면 감옥에 갈 각오를 하고 정치를 해야 되지 않을까? 왜냐하면 전직 대통령들을 감옥에 보냈으니까 말이다. 참으로 부끄러운 나라다.

인간의 기본에 충실하면 될 텐데

하나님께서 사람을 만드신 후에 그 사람들에게 제일먼저 하신 일은 '축복'이었다.

축복의 종류를 보면 생육하고 번성하며 땅을 정복하고 모든 것을 다스리는 것이었다. 이로 말미암아 사람은 그 복을 누리며 주어진 인생의 삶을 살게 하셨던 것이다.

그런데 하나님께서는 왜? 사람에게 이러한 복을 허락해 주셨을까?

하나님이시기 때문에 당연히 사람에게 주셨던 것이었을까? 아니면 사람은 하나님의 피조물이기 때문에 의당 그 축복을 허락하셨던 것이었을까?

아니다. 그것이 아니었다. 하나님께서는 '아삽'이라는 시인을 통하여 다음과 같이 그 이유를 알게 해 주셨다.

"이르시되 나의 성도들을 내 앞에 모으라 그들은 제사로 나와 언약한 이들이니라 하시도다(시편 50:5)", "하나님을 잊어버린 너희여 이제 이를 생각하라 그렇지 아니하면 내가 너희를 찢으리니 건질 자 없으리라 감사로 제사를 드리는 자가 나를 영화롭게 하나니 그의 행위를 옳게 하는 자에게 내가 하나님의 구원을 보이리라(시편 50:22-23)"고 말씀하셨다.

무슨 말인가? 하나님께서 사람에게 복을 주신 이유는 그 사람으로 하여금 하나님께 예배하며 감사하게 하시기 위함이었던 것이다.

이 세상에 살아가는 사람으로서 그 기본이 무엇일까? 필자는 다음과 같이 정의를 하고 싶다.

첫째는 '정직과 진실'이고, 두 번째는 '감사'이고, 세 번째는 '사랑'이 바로 그것이다. 이것이 인격적이요, 도덕적인 사람인 것이다

세상은 이러한 인간의 기본을 가지고 서로가 협력하여 인간의 공동체를 이루며 살아갈 때만이 거기에 행복이 있고 거기에 질서가 있고 거기에 평화가 있게 되는 것이다.

인격적인 삶이 무엇이겠는가? 그것은 인간의 기본을 갖추고 그 기본을 실천에 옮겨서 주어진 삶을 살아가는 것이 아니겠는가?

그런데 요즈음 우리가 살고 있는 사회를 보면 해도 해도 너무한 것 같은 느낌이 든다. 인간의 도덕과 윤리는 어디로 갔는지 찾아보기 어려울 정도로 한심하고 탄식스러운 사회가 되어져 가고 있는 현실이다. 가정을 들어가 보아도 마찬가지이고 정치하는 사람들을 보아도 마찬가지이고 교육하는 사람들을 보아도 마찬가지이고 사업하시는 분들을 보아도 마찬가지인 것 같다.

얼마 전에는 사람이 먹는 음식을 가지고 장난질을 하여 사람이 먹을 수 없는 것들을 가공하여 유통시켰다는 보도를 듣고는 분노를 느끼지 않을 수가 없었다.

심지어 종교계를 들여다보아도 마찬가지인데 모 TV 뉴스에서 본 기사에서처럼 목사와 목사가 사소한 감정 때문에 칼부림을 하는가 하면 절간에서는 중과 중이 칼부림을 하는 있을 수도 없는 일들이 일어나고 있으니 어찌 이 사회를 밝다고 표현하여 말을 할 수가 있겠는가?

더욱이 요즈음은 천재지변으로 가뭄이 심하여 식수마저 고갈 직전에 있는 지역이 있다고 하는데 매우 안타까운 마음속에 참 참하기만 하다. 그동안 우리나라는 잘 먹고 잘 입고 잘 쓰고 잘 살았던 것 같다. 외국에 선교 차 나갔다가 한국에 들어오면 얼마나 우리나라가 살기 좋은 나라인지 단번에 느낄 수가 있게 된다.

이러한 나라를 이루기까지 수고와 고생을 아끼지 않으신 국무 요원들에게 감사를 드리면서도 안타까운 것은 우리 국민들은 감사를 할 줄 모르고 있더라는 것이다.

무엇보다도 그동안 이렇게 잘 살아 갈 수 있도록 도우시고 축복해 주시고 은혜 베푸신 하나님께 감사하며 예배하는 것은 인간의 기본인데도 불구하고 사람은 그 기본마저 잊어버리고 있고 또 알지 못하고 있고 그 기본에 충실하지 못하고 있는 실정이다. 그러므로 끔찍한 사건들은 쉬지 않고 꼬리를 물고 일어나고 있으며 패륜아들이 활개를 치면서 사회를 어지럽히고 있는 우리의 현실인 것이다.

인간의 삶에 행복은 뭐니 뭐니 해도 인간의 기본에 충실하면 되는 것이다. 그 기본은 정직과 진실이며, 감사하는 것이고, 사랑하며 사는 것이다. 이러한 기본을 상실하고 망각한 채로 살아가게 된다면 짐승보다 더 나을 것이 없는 것이다.

짐승도 그 주인에게 감사 할 줄을 알고, 자기의 동료를 위해서 사랑하며 희생할 줄도 알고 있지를 않는가? 하물며 만물의 영장이라고 하는 사람들이야 당연지사하고 인간의 기본이 되는 정직과 진실 그리고 감사하고 사랑하면서 인간의 본분에 충실할 때 우리 앞에는 희망의 꽃들이 만발하게 될 것이다.

신앙의 색깔

유머 모음집에 다음과 같은 글이 있어 함께 동감해 보려고 한다. 한국의 여러 고장사람들이 저마다 기도를 시작하려한다.

서울 사람 : 하나님 아버지~~

함경도 사람 : 하나님 아바이~~

충청도 사람 : 하나님 아부지이~~

전라도 사람 : 하나님 아버님

평안도 사람 : 하나님 아바지~~

경상도 사람 : 하나님 아부지예

나는 : 하나님 아빠

그렇다면 당신은? 무엇이라고 하시나요?

갈렙이 보여준 용기

어느 목사님의 책에서 다음과 같은 글을 읽고 대필해 본다.

「의욕 없는 지혜에 지혜 없는 의욕이 반론을 제기하는 것이다. 갈렙은 40세의 청년으로서 다른 10명의 정탐들이 백성들의 간담을 서늘하게 하는 마당에 백성들을 진정시키는 지혜가 있었다(민수기 13장).

갈렙은 85세의 노인이 되었을 때에도 "이 산지를 내게 주소서!"하는 청년의 의욕이 넘쳤다(여호수아 14장). 갈렙은 편한 평지 목회를 권할 노인이 아니라 험한 산지 목회를 권할 노인이었다. 갈렙은 청년이지만 지혜가 있고 노인이지만 의욕이 넘친 것이다.

사람이 나이를 먹다보면 자연적으로 의욕이 떨어지게 되고 또한 본인 스스로가 늙었다는 강박 관념에 사로잡혀 그 어떠한 용기를 저버리게 된다.

삶에는 지혜 없는 의욕, 의욕 없는 지혜를 청산하고 노인의 지혜와 청년의 의욕을 겸전한 삶을 살도록 노력하자.」

반대인가 짝 인가?

다음과 같은 글이 있다.

밤의 반대를 낮이라 하지만, 반대가 아니라 서로 짝입니다.

여자의 반대를 남자라 하지만, 반대가 아니라 서로 짝입니다.

사랑의 반대를 미움이라 말하지만, 반대가 아니고 서로 짝입니다.

죽음의 반대를 삶이라 하지만, 반대가 아니라 서로 짝입니다.

찬성의 반대를 반대라 하지만, 반대가 아니라 서로 짝입니다.

나의 반대를 너라 하지만, 반대가 아니라 서로 짝입니다.

단맛의 반대를 쓴맛이라 하지만, 반대가 아니라 서로 짝입니다.

맞는가요? 틀린가요?

그러므로 반대로 살지 말고 맞추어 살고 틀리다고 저버리기보다는 맞추며 사는 것이 인생의 삶이 아닐까요?

현대판 구원의 메아리

어느 목사님이 병원을 경영하는 원장에게 이렇게 외쳤다.

“원장님~ 병원원장 가지고는 천국에 갈 수가 없습니다. 어쩌면 입원을 하고 있는 환자는 갈 수 있을지 모르지만 원장으로서는 못 갑니다.”

회사를 경영하는 사장에게도 그렇게 외쳤다.

“사장님~ 사장으로서는 천국에 못 갑니다. 어쩌면 회사원은 갈 수가 있을는지 모르지만 사장으로서는 갈 수가 없습니다.”

교회를 담임하고 있는 목사님에게도 그렇게 외쳤다.

“목사님~ 목사로서는 천국에 갈 수가 없습니다. 어쩌면 신도는 갈 수가 있을는지는 모르지만 목사로서는 못 갑니다.”

천국에 갈 수 있는 사람은 그에게 ‘하나님의 의’가 있어야만 된다. 예수 그리스도는 하나님께서 인간에게 주신 ‘하나님의 의’가 되신다. 무엇이 되어서가 아니라 무엇이 있으므로 되어지는 것이 구원이다.

그것은 은혜로 주어진 ‘하나님의 의’인 것이다.

그래서 그런 것이다

목사는 설교를 하는 사람이다. 그리고 그 설교에는 권위가 있어야만 된다. 그런데 목사가 권위 있는 설교를 하기 위해서는 자기 자신이 그 말씀대로 살고 있어야 하고 또 그렇게 되어져야만 한다.

그런데 목사가 말씀대로 살지 못하고 있을 때에는 설교를 제대로 할 수가 없다. 가령 도둑질을 하고 있는 목사는 도둑질에 대하여 설교를 못하고 간음을 하고 있는 목사는 간음에 대하여 설교를 못한다.

그보다 더 슬픈 것은 만약에 교인들이 그 지경에 처해 있다면 더더욱 그것에 대한 설교를 못한다. 왜냐하면 교인이 떨어질까 봐서이고 교인이 자기가 시무하고 있는 교회를 떠나버려서 교인이 줄어들까 봐서이다.

그보다 더 가슴 아픈 것은 현대인은 바른말하는 것을 싫어하고 또 들으려고 하지를 않는다.

만일에 자기 귀에 거슬리는 설교를 들으면 여지없이 그 교회를 떠나고야 만다. 신도들은 누구를 막론하고 자기에게 관심이 있는 설교에만 귀를 기울이고 있고 그리고 그 설교가 인기가 있다. 그러다 보니 목사는 교인들이 듣고 싶어 하는 설교를 해야만 하고 또 그렇게들 하고 있다. 목사의 양심을 버리면서까지라도 말이다.

풍자 (1)

어느 분이 지옥에 가서 구경하고 있었다. 그런데 한쪽에 열심히 공사를 하고 있었다. 궁금해서 천사에게 물었다.

무슨 공사를 하고 있는 겁니까?"

그러자 천사는 난색을 하면서 하는 말이 "한국 사람들 때문에 그렇습니다. 한국에는 불가마가 있는데 사람들이 그 속에서 머무는 것이 익숙해져서 어지간히 뜨거워가지고는 안 되기에 온도를 더 높이려고 공사하는 중입니다."라고 대답하더라는 것이다.

요즘 우리나라와 더불어 지구는 온통 불볕더위로 인하여 난리들이다. 너무 더워서 숨지는 사람들이 있는가 하면 그 더위를 피하기 위해 계곡과 물가로 찾아가서 뜨거운 열기를 모면하려고 하고 있다.

하나님이 만드신 우주의 원리를 인간들이 파괴하면서 나타나는 일들은 인간들이 감수해야만 된다. 그보다 더 무서운 것은 지옥가면 안 된다. 지옥이 어디 있느냐고 사후의 세계를 부정하는 사람들도 있겠지만 만일에 실제로 지옥이 있으며 그 지옥이 요즘에 나타나는 열대야보다 더 수백 배, 아니 수천 배 뜨거운 불 못이라면 어찌 하겠는가?

풍자 (2)

어느 분이 꿈에 천국에 가게 되었다. 드디어 천국문 앞에 이르게 되었는데 웬 사람들이 길게 줄을 서서 무엇인가를 기다리고 있었다. 그래서 안내하는 천사에게 "지금 왜 이렇게 줄을 서서 기다리는 겁니까?"라고 물으니까 "한국 사람들 때문에 그렇습니다."라고 천사가 대답했다.

"아니 한국 사람들이 뭐라도 잘못 했습니까?"하니까 천사는 얼굴에 미소를 지으면서 하는 말이 "한국 사람들은 성형수술을 해서 누가누구인지 구분을 못해 확인을 하고 있는 중입니다."라고 대답하더라는 것이다.

요즘 세상은 사람의 얼굴뿐만 아니라 온몸을 자르고 붙이고 해서는 전혀 딴사람으로 만들어 버리는 시대다. 그래서 범죄자들이 도피하기가 수월해 졌는가하면 그 사람이 그 사람 같고 서로가 비슷비슷하게 닮아놓아서 정말 구분하기가 어렵기도 하다.

그런데 진즉 뜯어고칠 것은 보이는 외면만이 아니라 보이지 않는 마음도 뜯어고쳐서 아름다운 마음씨들을 가졌으면 참으로 살기 좋은 세상이 될 것이다.

멋진 주인공이 되려면 멋진 연출자가 되어라

얼마 전에 이런 글을 읽고 글의 내용이 좋아서 글쓴이의 허락도 없이 인용해 본다.

「밉게 보면 잡초 아닌 풀이 없고, 곱게 보면 꽃 아닌 사람이 없으되, 그대를 꽃으로 볼일이로다. 털려고 들면 먼지 없는 이 없고, 덮으려고 들면 못 덮을 허물없으되, 누구의 눈에 들기는 힘들어도 그 눈 밖에 나기는 한순간이더라.

귀가 얇은 자는 그 입 또한 가랑잎처럼 가볍고, 귀가 두꺼운 자는 그 입 또한 바위처럼 무거운 법. 생각이 깊은 자여! 그대는 남의 말을 내말처럼 하리라.

겸손은 사람을 머물게 하고 칭찬은 사람을 가깝게 하고, 넓음은 사람을 따르게 하고, 깊음은 사람을 감동케 하니, 마음이 아름다운자여! 그대 그 향기에 세상이 아름다워라.

나이가 들면서 눈이 침침한 것은 필요 없는 작은 것은 보지 말고 필요한 큰 것만 보라는 것이며, 귀가 잘 안 들리는 것은, 필요 없는 작은말은 듣지 말고, 필요한 큰말만 들으라는 것이고, 이가 시린 것은, 연한음식만 먹고 소화불량 없게 하려 함이고. 걸음걸이가 부자연스러운 것은, 매사에 조심하고 멀리 가지 말라는 것이 지요.

머리가 하얗게 되는 것은, 멀리 있어도 나이 든 사람인 것을 알아보게 하기 위한 조물주의 배려랍니다. 정신이 깜박거리는 것은, 살아온 세월을 다 기억하지 말라는 것이고, 지나온 세월을 다 기억하면 아마도 머리가 핑하고 돌아버릴 거래요.

좋은 기억, 아름다운 추억만 기억하라는 것이랍니다. 바람처럼 다가오는 시간을 선물처럼 받아들이면 된다지요. 가끔 힘들면 한숨 한 번 쉬고 하늘을 보세요.」

이 글의 내용은 인생을 생각하고 돌아보게 하는 좋은 글 중에 하나라고 호평하면서 현대를 살아가는 사람들에게 한편의 오아시스처럼 여겨진다.

사람이 살아가는 것은 한편의 드라마 같은 인생을 갖는 것이다. 거기에는 연출이 필요한 것이고 배역이 필요한 것이고 배경과 효과가 있게 하는 것은 당연지사일 것이다. 그런데 불행한 것은 드라마는 있는데 멋진 연출자가 없다는 것이다.

남들이 함께 공감하고 그리고 보고 듣는 이로 하여금 위로를 주고 감동을 주고 희망과 용기를 갖게 하는 좋은 드라마가 없다는 것이 현실인 것 같다.

소위 인기를 갖는다는 사회는 부정과 비리가 끊이지를 않고 도덕과 윤리가 서지를 않고 오히려 방종과 탐닉이 기승을 부리면서 더 환영을 받고 있는 것이 우리가 살고 있는 사회 같아서 마음이 안타깝기만 하다.

그래서인지는 몰라도 매스컴에 나오는 드라마를 보더라도 이혼, 폭력, 음란, 부정과 부패의 장면들이 들어가지 않은 것들이 없고 신선한 내용들이 없는 것 같아서 씁쓸하기만 하다.

물론 작가의 생각과 마음에서 우러나오는 것이라고는 하겠지만 사회의 배경을 무대로 하고 인기를 얻으려하다 보니 그렇게 보여주지 않으면 안 될 수밖에 없는 딱한 사정도 이해는 할 수가 있겠다.

무슨 말인가? 지금 우리가 살고 있는 사회가 '그렇다' 라고 폭로하고 있는 것이 아니겠는가? 다시 말해서 '멋진 연출자가 없어서 그렇다' 라는 말이 되겠다. 멋진 주인공이 되려면 멋진 연출이 있어야만 한다.

무엇보다도 사회를 정화시키고 인간들이 가는 길을 밝혀주어서 참된 인생을 살아가도록 빛을 밝혀야할 종교들마저 타락해 가지고는 향방을 잃어버린 채 수단과 방법을 동원하여 교묘한 방법으로 세상과 발을 맞추고 있다.

예수께서는 이렇게 말씀 하셨다. "너희는 세상의 소금이니 소금이 만일 그 맛을 잃으면 무엇으로 짜게 하리요 후에는 아무 쓸데없어 다만 밖에 버려져 사람에게 밟힐 분이니라 너희는 세상의 빛이라 산위에 있는 동네가 숨겨지지 못할 것이요(마태복음 5:13-14)"

좋은 나무 아름다운 열매

헬라말 중에 '선하다', '좋다', '착하다'라는 말이 두 종류가 있다. 하나는 '아가도스'라는 말과 또 다른 말은 '칼로스'라는 말이다. 두 말이 거의 동의어로 쓰일 때도 있지만 좀 더 확실하게 구분 지을 때에는 원인과 결과 형식의 말이 되는 것이 '아가도스'와 '칼로스'이다.

예수님께서는 좋은 나무가 아름다운열매를 맺는다고 말씀하셨는데 그 의미를 되새겨보면 '좋은 사람이(아가도스) 행한 일은 좋은 것(칼로스)' 즉, '아름다운 것이야'라고 다른 말로 바꿀 수가 있다.

살다보니까 역시 좋은 사람은 좋은 생각을 하고 또 좋은 일을 하는 것을 보게 된다. 특히 질적으로 좋은 사람이 있고 질적으로 나쁜 사람이 있는데 질적으로 좋은 사람은 매사를 좋게 보고 좋게 생각하고 좋게 말하고 좋은 결과를 가지게 하지만, 질적으로 나쁜 사람은 아무리 좋은 것이라도 결과적으로는 나쁘게 보고 나쁘게 생각하고 나쁜 말을 하며 산다.

아름다운 열매는 좋은 나무에서 맺는 법이다.

종교인과세 따져보자

내년부터 대한민국의 정부는 종교인들에게 과세를 적용하기로 했다고 한다. 특히 목사들에게는 더더욱 수갑을 채우듯 세목을 적나라하게 매기어 놓았다. 세목이야 많든 적든 어찌하여 정부가 교회를 사찰하여 세금을 거두어들이는가? 생각하면 할수록 부아가 치밀고 울화통이 터져온다.

거기에다 정부에 아양떨어가면서 '세금을 거두어야 한다.'고 꼭두각시처럼 비위맞추기에 바쁜 목사들은 또 어떠한가? 참으로 꼴불견이다. 정신이 나가도 완전히 나간 '미친놈'과 같다. 왜냐하면 교회가 '예배를 목적'으로 시작되어지고 또 경영되어지는 것이지 어떠한 이득을 목적으로 경영하는 사업이 아니기 때문이다.

그것도 성도님들이 이미 나라에 세금을 지불한 상태에서 일부분을 헌금해서 모아진 재정으로 목회자들에게 사례를 하고 있는 것인데 그것에 또 세금을 부과하는 것이 타당한 일인가?

거기에다 교회를 개척하여 시작할 때에는 밥을 굶어가며 잠을 못 자가며 목숨을 걸고 한 영혼 살려보겠노라고 몸부림치며 부흥시켜온 교회인데 어찌 정부가 간섭하며 세금을 거두어들인단 말이냐??

토다

우리나라의 '감사' 라는 말이 히브리말로는 '토다' 라는 단어이다. 그런데 고마움을 표시하는 것이 '감사' 라면 '토다' 라는 말은 '고백' 이란 의미가 있다.

히브리 사람들은 감사를 왜? 고백이라는 의미로 사용했을까? 거기에는 몇 가지 이유가 있는 것 같다.

첫째는 마음속에 담겨져 있는 것을 입 밖으로 표현하기 때문이다. 둘째는 고마움을 그 무엇으로 어떻게 갚을 길이 없기에 그저 고백하는 것으로 표현한 것 같으며, 셋째는 진정한 고마움을 입술을 통하여 시인하는 뜻이기 때문이고, 넷째는 고백은 전부이면서 삶의 표현이기 때문이다.

11월이 되면서 각 교회에서는 감사의 달로 주제를 갖고 교회의 프로그램을 맞추고 있다. 그 중에서도 특별히 '추수감사절' 을 지킨다.

이왕지사 감사를 드린다면 히브리사람들이 드려지는 '토다' 의 의미를 우리도 가져봄이 어떨까 하고 제안해 본다.

정신이 온전하여진 사람

신약성경 복음서에 보면 '거라사'라는 곳에 살고 있던 어떤 사람에게 귀신이 들어가서 정신을 빼앗아가므로 오랫동안 옷을 벗고 살고 집을 뛰쳐나와서 무덤가에서 살고 있을 때 그 누구도 그 무엇으로도 그 사람을 제압하지 못해 쇠사슬로 그 사람을 묶어 놓으면 귀신은 그 쇠사슬을 끊어버리게 해서 그 사람으로 하여금 이성을 잃어버린 사람으로 정신없이 살게 할 때 예수님께서 그 귀신을 그 사람에게서 쫓아내시므로 정신이 온전하여 제정신으로 돌아온 사건이 기록되어있다.

오늘날 우리가 살고 있는 현실을 보노라면 거라사 땅에 귀신들린 사람과 별로 다를 바가 없음을 발견하게 된다.

가령 오랫동안 옷을 입지 않고 살고 있는 것처럼 신분도 잃고 품위도 잃어 벌거벗은 사람들이 많은 것을 보게 되며 집을 뛰쳐나와 사는 것처럼 가정을 외면한 채 독처하기를 좋아하고 더 나아가서 가정을 파괴하여 불화하게하며 무덤가에서 살고 있는 것처럼 죽음과 비관과 비생산적이고 비인격적이면서 난폭해지고 잔인해진 인생으로 살고 있는 사람들이 점점 많아지고 있음을 보게 된다.

제발 온전한 정신을 가졌으면 좋겠다.

제사장만 먹는 음식

구약성경 레위기 6~7장을 보면 각종 제사법이 나온다. 그런데 특이한 것은 그 제사의 제물을 하나님께 드린 후 일부는 제사장 몫으로 정해 놓으셨다. 중요한 것은 그 제물은 지극히 거룩한 것이므로 거룩한 곳에서 제사장 외에는 그 누구도 먹으면 안 되었다. 이유는 제사장은 하나님께서 기업이 되셨기 때문이다.

대한민국은 종교인과세를 정했다. 목사들에게 세금을 거두겠다는 것이다. 다시 말해서 제사장에게 거둔다는 말이다.

목사는 사유를 위한 기업가가 아니다. 하나님을 위해 제사하고 그 제물로 행복을 갖는 것이 목사이다. 그런데 어찌하여 그러한 목사에게 세금이 부과될 수 있겠는가?

그리고 이에 앞장서서 정부를 대변하는 목사들은 과연 성경이 말하는 제사장이 맞는가? 혹시 명예와 직분을 이용하는 삯군이 아닌가?

더 나아가서 하나님께 제사한 것을 먹는 자가 아니라 헌금을 유린하여 사유재산을 늘리는 도적이 아닌지 모르겠다. 그러지 않고야 어떻게 세금 내는 것으로 자랑할 수 있겠는가?

물론 국민으로서의 도리와 책임을 감당해야 될 것은 해야만 된다.

값진 삶

제주에서 길 가던 할머니에게 도움을 주다 불의의 교통사고를 당한 20살 청년의 사연이 울림을 주고 있다. 이 청년은 마지막까지 장기기증으로 7명에게 새 생명을 선물했다.

지난 2018년 10월 3일 새벽 3시쯤 제주시 정부종합청사 인근에서 있었던 일이다. 아르바이트를 마치고 집으로 돌아가던 고 김선웅 군(20)의 눈에 힘겹게 무거운 수레를 끌고 가시는 할머니가 눈에 띄었다. 선웅 군은 차마 그냥 지나칠 수 없어 힘을 보탰다. 하지만 길을 건너던 중 차에 치였고 머리를 크게 다쳤다. 선웅 군은 병원으로 긴급 후송됐지만 뇌사판정을 받았다.

선웅 군은 대학에서 요리관련 공부를 하며 꿈을 키우던 평범한 청년이었다. 교회를 열심히 다니며 봉사활동도 빼먹지 않았다. 가족들은 2남 1녀 중 막내인 선웅 군의 갑작스러운 교통사고에 큰 슬픔에 빠졌다. 이루 말할 수 없이 비통했지만 장기기증이라는 결단을 내렸다. 선웅 군 어머니 역시 불의의 사고로 뇌사상태로 3년 간 투병하다 삶을 마감했다. 당시 선웅 군은 9살의 어린 나이였다. 가족들은 어머니를 보내며 장기기증서약을 했었고, 선웅 군도 그 뜻을 이어받게 된 것이다.

선웅 군의 빈소에는 그의 선행을 전해들은 많은 이들의 발길이 이어졌다. 이태오 제주성안교회 목사는 "평소 봉사활동도 많이 하고, 가족일도 열심히 돕는 착한청년이었다."며 선웅 군을 칭찬했다. 선웅 군을 잘 모르는 이들도 그의 사연을 듣고 빈소를 많이 찾아 위로했다. 발인은 9일 오전 제주성안교회 '이기풍 기념홀'에서 예배로 드려졌다.

사람은 누구나 다 한번 왔다가 가는 것이 세상이다. 그래서 그 말을 다른 말로 표현해서 '일생'이라고 한다. '죽음이란 순서가 없다'고 한다. 먼저 태어났다 해서 일찍 죽는 것이 아니고 늦게 태어났다고 나중에 죽는 것도 아니다. 죽음 앞에는 인간이 알 수 없는 '명'이 다하는 순간 되어지는 것이다.

이러한 죽음 앞에 현자는 생각을 해야만 된다. '무엇을 하다가 어떻게 죽을 것인가'하는 생각이다. 이왕지사 생각하는 사람이라면 멋지게 살다가 아름답게 죽을 수 있어야 한다.

그것은 내 욕심을 채우고 사리사욕에 사로 잡혀서 이웃을 외면한 채 짐승처럼 살다가 가는 것이 아니라 나 때문에 사람이 살게 되고 나 때문에 세상이 아름답게 되며 나로 하여금 유익을 줄 수 있는 삶을 사는 것이다.

그러기 위해서는 희생정신이 앞서지 않으면 안 될 것이다. 앞에서 말했던 선웅 군처럼 말이다.

예수님은 이러한 삶을 인생들에게 보여주신 분이시다. 사람을 살리시기 위해 하늘의 영광스러운 보좌를 버리시고 사람의 모습을 가지시고 세상에 오셔서 마침내 십자가에 죽으심으로 사람들의 죄 값을 목숨으로 담보하셨던 것이다.

그 어느 누구가 자기가 지은 죄 값으로 죽어가는 그 사람을 위하여 자신의 목숨을 대신해서 내어주고 그 죄인을 살게 할 수가 있겠는가? 그런데 예수 그리스도께서는 그렇게 하셨던 것이다. 그러시면서 많은 교훈을 하셨는데 그 중에서 가슴에 새겨놓을 수 있는 것이 하나있다.

"새 계명을 너희에게 주노니 너희는 서로 사랑하라 내가 너희를 사랑한 것 같이 너희도 서로 사랑하라(요한복음 13:34)"는 말씀이다.

예수님께서 나를 사랑하신 그 사랑은 어떤 사랑이었기에 나더러 그렇게 사랑하라는 것일까?

그 사랑은 나는 내가 지은 죄 값으로 당연히 형벌을 받아 지옥에 가야되지만 예수님께서는 나를 살리시기 위해 나의 죄 값을 치르시려고 당신의 목숨을 내어주신 사랑이다.

이 사랑을 깨달아 안다면 나더러 그렇게 살아가라는 말씀이시다.

기쁘지 않은 크리스마스

내가 처음 교회에 나가던 때가 60년대 초반이었다. 그 시기에는 성탄절이 되면 약 몇 개월 전부터 추리를 만들고 거리거리에는 너도나도 크리스마스의 즐거움과 기쁨에 들떠있어서 캐럴송을 앞 다투어 크게 틀어서 울려 퍼지게 했고 사람들은 선물과 함께 서로가 서로를 축하하며 흥겨워할 뿐만 아니라 교회에서는 새벽 송을 돌면서 예수님의 탄생을 전파했었다.

그러다가 어느 해부터인가 공해가 된다면서 캐럴송을 저지하더니 또 어느 해부터인가는 조용한 크리스마스를 열창하며 앞 다투어 설쳐대더니 이제는 아예 캐럴송은 고사하고 추리조차 찾아보기 어렵고 또한 새벽 송을 도는 것은 옛말이 되고 말았다.

교회는 그 무엇보다도 우선적으로 예수님이 오신 날을 축하하며 축복하고 기리는 것이 당연지사가 아니겠는가? 그런데 어찌된 영문인지 교회가 사람들 눈치보고 불신자들 눈치보고 그 사람들 비위 맞추어 주느냐고 예수님의 생신날을 소홀히 여기는지 모르겠다.

아마도 예수님오신 날이 기쁘지가 않아서 그렇던지 아니면 예수님이 그곳에 안 계셔서 그럴 것이다.

새해가 되게 하자

새해란 태양이 한 바퀴 돌아서 계절이 바뀌는 것을 가리켜 말하지만 또 다른 의미로는 이전 것이 지나간 시점을 가리켜 새해라고 말한다. 그리고 무엇인가 나쁘고 좋지 않은 것들이 좋게 시작되어지는 것을 말하기도 한다. 그러므로 새해가 되게 하려면 예전 일들이 없어져야만 한다.

그동안 쌓였던 나쁜 감정, 적대감, 불행한 일들, 불편한 관계, 질병, 실패, 좌절, 근심, 걱정, 염려 등 좋지 않던 것들이 다 없어지고 그와 반대로 어떻게 좋아지게 되는 것이 새해이다.

언어가 새로워지고 일들이 새로워지고 환경도 새로워지고 삶이 새로워져야 한다. 더 나아가서 보는 시각도 새로워지고 또한 생각하는 사고가 새로워져야 한다.

만약에 새해가 되었는데도 예전 것들이 그대로 있고 예전 일들이 그대로 있어 바뀌지 않았다면 새해라고 말할 수가 없을 것이다.

주님의 사랑

어느 목사님의 고백이다. 평소에 사모님에게 사랑한다고 의도적으로 고백하며 또한 그렇게 살기를 힘썼고 때로는 어느 곳에서 강의가 요청이 왔을 때에는 사랑하는 법을 전했다.

그러던 어느 날 사소한 일로 사모님과 대판 싸움이 벌어졌는데 "이젠 이혼하자"면서 집을 나갔다. 그런데 목사가 갈 곳이 없어서 교회주변을 맴돌면서 밤하늘의 별들을 헤아리니 한숨만 나오더란다.

그 와중에 새벽예배를 인도해야 된다는 목사의 천직으로 교회의 강단 앞 십자가 밑에 엎드려 기도하려하니 기도가 안 되어서 그냥 입으로 "주여~ 주여!"하면서 한숨만 내어 쉬고 있는데 주님의 음성이 들리기를 "네 사랑으로 사랑하지 말고 내 사랑으로 사랑해봐라"하시는데 난데없이 하염없는 눈물이 복 받혀 흘러나오더란다.

한참을 실컷 울고 숙소에 들어가니 사모는 밤새도록 눈이 퉁퉁 부토록 그때까지도 울고 있는 것을 꼭 안아주면서 "내가 잘못했소. 미안해요. 당신을 사랑해요"하면서 사과를 하고 났는데 희한한 일은 그때부터 그렇게 사모가 예뻐 보이고 귀여워 보이고 사랑스러워 보이더란다.

이상한 부부싸움

어느 부부가 싸움을 하는데 아무리 보아도 이상했다. 남편이 부인을 향해 큰소리로 외치는 말이 "당신이 내 아내가 될 것인겨 아니면 나더러 당신 남편이 되라는 겨"라는 것이었다.

그 말을 가만히 되새겨 보면 '누가 주도권을 가질 것인가'라는 말이 된다. 그러니까 그 부부는 주도권 때문에 많이 불편했었던 모양이었다.

주도권이야 우리나라에서는 당연히 남편이 우선권이었지만 어느 때부터인가 '여성 상위시대'라는 말이 유행어가 되더니 또 '남녀 평등시대'라 하더니 이제는 아예 여성이 우선권을 가지게 되고야 말았다.

그 결과 남자의 권위와 위상과 존경심은 다 없어졌을 뿐만 아니라 멸시와 천대와 박대만 남게 되었다. 요즘 우리나라는 이상한 현상을 보게 된다.

남과 북의 통일이라는 명제 하에 북한을 위해 주더니 이제는 아예 국가의 자존감마저 버린 채 북한을 앞세우고 있고 그들의 비위만 맞추고 있는 현상이다.

이러다가는 결국 주도권마저 빼앗기는 건 아닌지 걱정스럽다.

속지 않는 아이

이런 옛날이야기가 있다. 어느 시골에 어린 두 자녀를 둔 엄마가 시장을 가면서 "누가 문을 열어 달라고 해도 절대로 열어주면 안 된다."라고 타이르고 시장엘 갔다.

때마침 여우가 틈을 타서 아이들에게 갔다.

목소리를 가장하여 "너의 엄마이니 문을 열어 달라"하니 우리 엄마목소리가 아니라며 안 열어 주었다.

여우는 또 다시 "엄마이니 문을 열어 달라"하자 아이는 손을 문틈으로 보여 달라하니 여우는 장갑을 끼고 손을 내어 밀었으나 아이는 "우리 엄마 손이 아니다."라면서 속지 않았다. 결국에는 여우는 아이들을 포기하고 저 갈 길로 가고야 말았다.

지금 우리나라에는 여우가 와있다. 그리고 우리를 잡아먹으려고 목소리를 가장해서 말하고 있고 또 장갑을 끼고 손을 내어 밀고 있다. 그런데도 그들의 속임수를 아는지 모르는지 그 말소리를 듣고 있을 뿐만 아니라 아예 손을 내어 밀어 장갑을 낀 여우의 손을 덥석 잡고 있다.

엄마의 목소리를 분별치 못해서 그런 걸까 아니면 아예 "날 잡아먹어라"하며 스스로를 던져 버리는 것일까?

기 싸움

세상은 '기(氣)' 싸움이다. 기란 '기운' 혹은 '힘'을 말하게 된다. 하나님은 세상을 창조하실 때에 사랑의 원리로써 힘이 있는 자가 힘이 없는 자를 '보호하며 돌아보도록' 지으셨지만 생존세계에 있어서는 잡아먹히느냐 아니면 '잡아먹느냐' 또는 '쫓아내느냐' 아니면 '쫓기느냐'의 자연 법칙을 만들어 놓으셨다.

성경 요한계시록을 보게 되면 아시아의 일곱 교회가 등장하게 된다. 각 교회들마다 나름대로의 장단점을 말씀하신 후에 결론을 지으실 때는 반드시 선언하시는 대목이 있으신데 그것은 '이기는 자'에 대한 보상을 말씀하고 계신다. 특히 영적 생활을 하는 성도들은 이기는 자가 되어야만 생존할 수가 있다.

이기는 자가 되기 위해서는 나름대로의 방법이 있기 마련이다. 자기 자신 혼자서 싸워 이기는 방법이 있는가 하면 누군가의 도움을 힘입어 이기는 방법이 있다. 중요한 것은 '지면 안 된다'라는 것이다. '반드시 이기는 자'가 되어야만 한다. 그러기 위해서는 '기'가 충만해 있어야만 된다.

시: 당신을 향한 사랑

당신을 사랑하는 마음은
꽃이 되어 피어나리
정열적인 빨간 꽃
질투 섞인 노란 꽃
자태를 뽐내려고 보라 꽃으로 피어나리

당신을 사랑하는 마음은
향기 되어 풍겨나리
솔바람 타고 날아가
입가에 입맞춤 하고
품속에 파고들어 가슴을 달래주어
콧노래로 입가에 미소를 안겨주리

당신을 사랑하는 마음은
하늘을 나는 뭉게구름
몽실몽실 피어올라
그림을 그려놓고
사랑노래 부르면서 띠띠고 날아가리

국기

어느 나라이든 그 나라를 대표하는 국기가 있다. 그리고 그 나름대로 불리어지는 명칭이 각각 다르기도 하다. 가령 미국의 국기는 성조기라 하고 일본의 국기는 일장기라고 하며 한국의 국기는 태극기라고 한다. 그래서 국기를 게양할 때는 나라를 존경하는 애국심에서 국기를 향하여 경례와 또는 배래를 한다.

한국의 국기는 '태극기' 다. 과거사에 보면 이 태극기를 빼앗기지 않으려고 목숨을 걸고 나라를 지키신 분들이 있는가 하면 나라를 잃어버렸을 때에 우리의 선열들은 이 태극기를 높이 들고 만세를 부르다가 목숨을 잃어버린 분들이 수도 없이 많다. 그런데 금세기에 태극기를 발로 짓밟고 그 위에서 연설하며 침을 뱉은 자들이 있다. 그리고 그 사람들이 지금 대한민국에서 정계에 몸을 담고 정치를 하고 있다. 그러더니 이제는 아예 태극기를 없애려고 까지 하고 있다. 과연 그 사람들이 진정한 대한민국 사람일까? 그리고 그들이 이끌고 가는 대한민국은 어디로 갈 것이며 어떻게 될 것인가? 더 나아가서 그들이 '옳다' 라고 박수치는 분들은 도대체 무어라고 설명을 해야 좋을까?

유행되는 미투(Me Too)

2018년 초반에 들어서 우리나라는 '미투(Me Too)' 라는 단어 속에 여기저기서 성추행 사건이 터져 나오고 있다. 여성분들이 과거에 남성한데나 또는 상사에게서 원치 않았던 성적수치를 당했던 일들을 폭로하면서 그것이 사회의 이슈로 등장하고 말았다. 그 결과로 인하여 어떤 사람은 전문직을 사임했고 어떤 이는 억울하다고 하소연하기도 했다.

그런데 '미투'에 연루된 사람들을 보면 각 분야마다 거의 다 속해 있는 듯 했으며 심지어는 종교인들도 많이 있었다. 안타까운 것은 자신의 억울함을 호소한다는 당사자들의 체면이 문제가 되어 버렸다. 자신은 억울해서 호소했었지만 그로 인한 후유증은 사회적으로 비난의 지탄이라는 것이다.

다시 말해서 고운 눈빛으로 그를 보아주지를 않고 "너도 마찬가지이잖아"라는 것이다.

성경에 보면 간음하다 현장에서 잡힌 여자를 서기관들과 바리새인들이 예수님께로 데려와서는 어떻게 해야 할지를 시험하며 고소를 한다. 그런데 예수님의 대답은 "너희 중에 죄가 없는 사람이 먼저 돌을 들어 치라"하자 다 돌아가고 마침내는 예수님과 그 여자만 남아 있었다.

진정 돌을 들어서 칠 수 있는 사람이 있으면 좋겠다.

사람은 사람이다

사람은 세 가지의 특성을 가지고 있다.

첫째는 '본성'이다. 인류의 조상 아담으로부터 물려받은 고유한 특성을 가리켜서 말한다.

그 다음은 '근성'이다. 부모님으로부터 유전을 받은 것으로써 태어날 때부터 지니고 있는 근본적인 성질이다. 이 근성은 사람마다 다르기 때문에 여기에서 성격이 나누어지게 된다.

그리고 세 번째가 '습성'이다. 이 습성은 길을 들이기 나름인데 이것은 누구나 다 나타낼 수 있는 행동 양식이 되는 것이다. 그래서 어떤 사람은 좋은 버릇을 가지고 좋은 행동을 하므로 좋은 평가를 받는 반면에 어떤 사람은 나쁜 습관 때문에 나쁜 짓을 반복적으로 이행하므로 나쁜 사람으로 평가를 받게 된다.

그런데 사람은 태어날 때부터 '죄성'을 가지고 태어나므로 그 어떤 사람이라도 죄를 짓지 않는 사람이 없다. 그래서 하나님께서는 그 죄성을 다스릴 수 있는 힘을 부여해 주셨는데 그것이 곧 '성령 충만'이다.

세상에서 의로운 사람은 하나도 없다. 그러므로 사람은 사람을 정죄할 수도 없다. 그 일은 오직 하나님만 하실 수 있는 일인 것이다.

신제품 시대

요즘은 하루가 멀다 하고 각종 신제품들이 쏟아져 나온다. 그런데 그 신제품이라고 하는 것들을 보면 어느 제품은 옛것에다가 새로운 것을 창작하여 삽입하고는 신제품이라고들 한다.

그런데 가만히 생각해 보면 그 신제품이 어디까지 다다를까가 문제가 된다. 그래서 요즘 유행하는 것이 '알파고'라는 것이다.

그런데 또 다른 한편으로 생각하면 신제품이 자주 나온다는 것은 그만큼 사람들이 현재에 있어서 실증을 잘 느낀다는 뜻이 된다. 실증을 느끼다 못해 이제는 아예 파괴력까지 생겨서 인생의 삶과 행복을 상실한 채 살고 있다는 것이다.

사람은 어느 한구석에 고전적인 것을 간직하는 성향이 있어서 향수를 달래며 사는 것이 인생이다. 그러니까 신제품이 좋은 것은 사실이지만 그렇다고 신제품만 선호한다면 어쩌면 그것도 병일지도 모른다.

신제품도 좋지만 그보다도 더 소중한 것은 현재의 것으로 만족할 줄 아는 마음이 더 귀한 일이 아닐까 싶다.

피의 중요성

사람의 몸에는 피가 흐르고 있다. 학계에 의하면 그 피의 양이 각각 차이가 있는데 보통 남자의 경우 체중의 8%, 여자가 체중의 7%로 정도가 된다고 한다.

그 중에서 전체의 20%를 잃게 되면 위험해 지고 30%를 잃게 되면 생명을 잃는다고 한다.

그런데 그 피는 종류가 각각 다르게 나타나는데 색상도 다르고 성질도 다르고 맑기도 다르고 흐름도 다르다고 한다.

구약성경 레위기 17장에서 보면 "육체의 생명은 피에 있는데 모든 생물은 그 피가 생명과 일체라"고 말씀하고 계신다.

예수님께서 잡히시던 날 저녁에 제자들과 함께 만찬을 나누시면서 그들에게 포도주를 따라 나누어주시면서 하신 말씀이 "받아 먹으라 이것이 너희에게 주는 내 피 이니라"고 당신의 죽음을 통하여 생명을 제자들에게 나누어주시는 것을 상징적으로 보여 주셨다. 그러니까 그 포도주를 마신 자들은 생명을 받았다는 결론이 되기도 한다.

그러시면서 하신 말씀이 "이 잔은 내 피로 세운 새 언약이니 이것을 행하여 마실 때마다 나를 기념하라"고 당부하셨다.

사명감

이런 이야기가 있다. 직업이 소방관으로 재직하던 사람이 결혼식을 올리게 되었다. 많은 축하객들 속에서 식은 진행되고 있고 드디어 주례사가 있을 무렵인데 별안간 밖에서 요란한 사이렌 소리가 울려 퍼졌다. 어디에 불이 나서 소방차가 불을 진화하러 가는 소리였다.

그때 신랑이 안절부절 하더니 "저... 주례자님 잠깐만 기다려 주십시오!" 하면서 어디론가 후다닥 뛰어 나갔다. 결혼식에 참석한 축하객들은 웅성거리기 시작했다.

한참이 지난 후에 신랑이 헐레벌떡 뛰어 들어오는데 보니까 머리와 얼굴이 잿더미로 시커멓게 먹칠을 했고 옷은 물로 젖어 있었다. 알고 보니 결혼식을 올리려던 신랑은 소방관 출신으로서 불이 난 것을 알고는 가서 진화하고 왔던 것이었다.

하나의 이야기이지만 현실을 살아가는 우리에게 큰 귀감을 주는 교훈이다. 인생은 자신이 속해있는 직업을 가지고 이웃에게 해를 입히면서 자신만을 위해 착취현상으로 사는 것이 아니라 내가 좀 어렵더라도 이웃을 위하여 무언가를 할 수 있어야 되지 않겠는가?

아내의 비밀 조미료

감격스런 글이 있어 작자의 동의도 없이 대필해본다.

부인이 남편에게 신신 당부하는 말이 있었다.

"여보 철제 통 속을 절대로 들여다보아선 안돼요. 만일에 당신이 약속을 어긴다면 다시는 맛있는 요리를 먹을 수 없게 될 거예요"

아내는 늘 선반에 놓여 진 자그만 철제 통에 대하여 남편에게 주의를 주곤 하였다. 그 철제 통에는 친정어머님께 물려받은 비밀 조미료가 들어있다는 것이다.

그 부인은 비빌 조미료를 매우 조금씩 아껴서 사용하곤 했다. 아마도 너무 많이 사용하면 곧 없어져버릴 것을 염려한 때문이라고 한다.

언젠가 남편도 아내가 그것을 뿌리는 것을 보았는데 가루가 너무 고와서인지 아니면 너무 조금만 사용하기 때문인지 눈에 잘 보이지 않았다.

그런데 삼십 년이 넘게 참아온 궁금증이 아내가 집을 비운 어느 날 걷잡을 수 없이 부풀어 오르게 되었다. 남편은 몇 번씩이나 아내의 다짐을 떠 올렸지만 머릿속에는 온통 그 철제 통을 한번 열어보고 싶다는 생각뿐이었다.

"삼십 년이 흘렀는데... 아내도 이해해 주겠지..."

남편은 큰 맘 먹고 철제 통을 열었다. 너무 긴장한 탓인지 손이 촉촉하게 젖어서 잘 열리지를 않고 자꾸만 미끄러지고 있었다. 재차 손을 마른 옷깃에 닦아가며 철제 통을 열고 안을 들여다 본 남편은 너무 깜짝 놀랐다. 거기에는 조미료가 들어있는 것이 아니라 한 장의 종이가 접혀 있었기 때문이다. "저 종이가 도대체 무엇일까?"

궁금증을 가지고 종이를 펼쳐보니 그것은 장모님이 친필로 아내에게 써준 편지였다.

"사랑하는 딸아, 무슨 요리를 하던 사랑을 뿌려 넣는 것을 잊지 말아라 특히 네가 힘들 때에는 이 사랑의 조미료를 사용하도록 하여라."

아내가 힘들어 할 때 그 조미료를 사용하던 것이 기억이 났다. 아내는 지치고 힘이 없을 때 어머니가 써주신 말씀을 기억하며 사랑의 조미료를 사용하였던 것이다.

남편의 마음은 뭉클 해지기 시작했다. 가정의 행복을 위해 사랑으로 희생하며 인내로 가정을 지켜온 아내가 너무도 고마웠다. 힘이 들 때 지치고 어려울 때 사랑의 조미료를 사용했던 아내가 너무도 대견스러웠다. 어렵고 힘이 들 때마다 철제 통을 열어가며 사랑의 조미료를 뿌리는 아내를 생각하니 가슴이 메어지는 것 같았다. 그동안 가정이 행복했던 것은 아내의 사랑이 있었기 때문이었던 것이었다.

가정의 행복이란 저절로 되는 것은 아니다. 가족이라는 공동체가 하나가 되어서 서로가 용서하고 서로가 위로하며 이해하고 사랑으로 인내하며 하나가 되는 곳이 가정이다. 그리할 때 그곳에 희생과 소망이 세워지는 것이다.

현실에 있어서 가정이 왜 무너지고 있는가? 사랑의 희생과 소망의 위로가 없기 때문이다.

아내는 남편을 향해 기대 할 만한 것이 안 보이고 남편역시 아내를 향해 사랑을 줄만한 것이 안 보이기 때문이다.

더욱이 불행한 것은 작금에 있어서 황혼이혼율이 높아지고 있다고 한다. 그동안 사랑의 조미료를 사용하다가 이제 늙어서는 그 조미료가 다 떨어진 모양이다. 아니 더 이상 기대할 만한 것이 아무것도 없고 위로 받을만한 것이 아무것도 없기 때문일 것이다.

가정은 내가 먼저 세워나가야 되는 곳이 가정이란 것을 잊어서는 안 될 것이다.

참으로 신기하고 이상하다

기독교는 십자가의 종교요 부활의 종교이다. 예수 그리스도는 이 세상에 계실 때에 이스라엘이라는 나라 갈보리라는 곳에서 로마의 군인들과 유대의 장로들 손에 의하여 십자가 형틀에서 죽으셨던 것이 역사적 사실이다. 그리고는 장사지낸 지 삼일 만에 무덤에서 다시 살아나시어서는 사람들에게 보여 주시면서 하루 이틀도 아닌 사십일 동안 세상에 계시다가 여러 사람들이 지켜보는 가운데 하늘로 승천하신 것이 역사적 사실이었다.

그분이 세상에 계시면서 사람들에게 강조하시며 외치셨던 말씀이 "나는 하나님의 아들이다", "나는 하늘에서 왔고 하나님의 나라는 내 나라이다", "이 사실을 믿으면 하늘나라에 와서 살 수 있는 자격과 권한을 주겠다"라는 약속을 종종 하셨다.

이렇게 신기한 일들이 있는데 참으로 이상한 것은 사람들이 이 사실을 인정하지 않고 받아들이지도 않고 있다는 사실이다.

예수 그리스도의 역사는 어느 한쪽 구석에서 있었던 일이 아니라 사실적인 일이다. 그렇다면 그 역사적 사실을 인정하고 그분 예수님께서 하신 말씀도 인정하고 받아 드려야 되는 것이 아니겠는가?

속에 들어있는 것이 밖으로 나온다

예수님께서 세상에 계실 때에 하신 말씀 중에 "독사의 자식들아 너희는 악하니 어떻게 선한 말을 할 수 있느냐 이는 마음에 가득한 것을 입으로 말함이라 선한사람은 그 쌓은 선에서 선한 것을 내고 악한사람은 그 쌓은 악에서 악한 것을 내느니라"라고 말씀하셨다(마태복음 12:34-35).

그 속에 무엇이 들어있느냐에 따라서 그것이 밖으로 나오게 되므로 그 속마음을 알 수 있다는 말씀이다. 요 근래 교회들은 고난주간과 함께 부활주간으로 행사들이 야단법석들이다. 다행이도 예수님을 드러내고 있고 예수님에 대하여 말하며 열창하고 있다.

그런데 또 다른 한편으로는 '좀 경건하게 좀 조용히'라는 단어 앞에 입을 굳게 다문 채로 예수님에 대하여 한마디의 말도 못하는 부류들이 있다. 그것까지는 좋은데 더욱 심각한 것은 교회에 소속이 되어 있음에도 불구하고 예수님에 대하여 말하는 것과 드러내는 것을 부끄럽게 여기는 사람들이 있다는 사실이다.

과연 '진정으로 그 속에 예수님이 계신가?'라고 묻고 싶다.

예수님께 유명한 사람

세상에서 유명하다는 말은 '여러 사람들에게 그 이름이 널리 알려져서 인기가 있는 사람'을 가리켜서 유명하다고 말하게 된다. 그러므로 유명해지고 싶은 사람들은 그 어떤 수단과 방법을 동원하여서라도 자신을 널리 홍보되기를 원한다. 그래서 그런지는 모르지만 목사의 세계에서도 그와 비슷한 현상들이 범람하다.

사람들에게 유명해지려고 가진 쇼를 다 꾸며가며 자신을 드러내 놓는가하면 명함에는 아예 이력서처럼 자신에 대한 내력들을 꼬리표처럼 열거를 해놓고 사람에게 건넨다. 그런데 더욱 놀라운 것은 그렇게 꼬리표가 많은 사람을 사람들은 더 선호하고 받들어주며 높여주더라는 것이다.

예수님께 유명한 사람들이 있다. 그 사람들은 예수님께 인정을 받아서 예수님께서 행하시던 사역들을 대신하고 있다는 사실이다. 예수님의 이름으로 귀신을 쫓아내며 새 방언을 말하며 병든 사람을 고치며 뱀을 집어 올리고 있다.

그리고는 그분 예수님을 사람들에게 열심히 자랑하며 증거하고 건네주며 산다. 예수님은 그런 사람을 선호하며 높여 주시기 원하신다.

생명이 있는 씨

옛날 어린 시절에 시골에서 살 때의 일이다. 내가 아직 어린나이임에도 불구하고 부모님은 나를 데리시고 논과 밭으로 일을 하러가서는 이것저것을 시키시곤 하셨다.

어느 날인가 콩을 심게 되었는데 호미로 땅을 파서 콩 씨를 세알 정도 넣고는 흙으로 다시 메우면서 넓은 땅위에 콩을 많이 심었다. 그 후 콩이 싹이 나서 고개를 들 무렵에 더러는 싹이 보이고 있는데 더러는 보이지를 않았다.

그러자 아버지께서 콩 씨앗을 넣었던 곳을 후벼 헤치시더니 "에~이"하시는 것이었다. 왜 그러시냐고 여쭈었더니 하시는 말씀이 "콩 씨가 죽은 것을 심었어!"하시는 것이었다. 그때는 무슨 말씀인지를 모르다가 생명에 대한 지식이 들어가고서야 아버지께서 하신 말씀을 이해하게 되었다.

예수님께서는 "나는 부활이요 생명이니 나를 믿는 자는 죽어도 살겠고"라고 요한복음 11장 25절에 말씀하셨고, 요한1서 5장 12절에 "아들이 있는 자에게는 생명이 있고 하나님의 아들이 없는 자에게는 생명이 없느니라"고 사도 요한은 말씀하셨다.

내 안에 생명이 있는가를 확인해 보아야 될 것이다.

행복을 위하여

이런 말이 있다. "목욕을 하면 한 시간이 행복하고, 이발을 하면 하루가 행복하고, 집을 사면 한 달이 행복하고, 결혼을 하면 일 년이 행복하다"는 말이다.

그렇다면 영원한 행복을 가지려면 어떻게 해야 하는가? 그에 답은 '주 예수 그리스도를 구주로 믿고 그 안에서 사는 것'이다.

예수 그리도는 평강의 주인이시다. 그 안에서는 근심과 걱정과 염려와 수고와 고생과 질병과 한숨과 탄식과 죽음의 문제까지 해결을 할 수가 있기 때문이다.

예수께서는 "평안을 너희에게 끼치노니 곧 나의 평안을 너희에게 주노라 내가 너희에게 주는 것은 세상이 주는 것 같지 아니하니라 너희는 마음에 근심도 말고 두려워하지도 말라"고 제자들에게 말씀 하셨다(요한복음 14:27).

사람들은 불안 속에서 벗어나려고 몸부림을 치며 각가지의 수단과 방법을 동원하여 행복과 평안을 소유해 보려고 하지만 죄악으로 가득 찬 세상에서는 그 어떤 것으로도 가질 수가 없는 것이다.

오직 평강의 왕이신 예수 그리스도 안에서만이 해결이 된다.

그래도 세상이 좋은가보다

통계청에 의하면 대한민국이 주민등록 인구기준으로 사상처음 고령사회에 들어섰다고 한다.

유엔은 65세 인구가 전체 인구에서 차지하는 비율이 7-14% 이상이면 고령사회로, 14-20% 이상이면 초 고령사회로 분류하고 있다.

우리나라는 현재 14%이상이 넘어선 고령사회를 맞고 있다고 한다. 노인들이 증가하는 것은 의약이 발달하여 건강을 위해 도움을 주기 때문이지만 다른 한편으로는 복을 받은 사람들이 많아져서 그럴 수도 있을 것이다.

필자는 현재 요양원을 경영하고 있다. 매 주일이면 어르신들을 모시고 예배하면서 죽는 이야기를 매번 하는 편이다. 그리고는 천국 이야기를 해 드리고 "우리 모두다 천국에 가시기를 축원합니다."하면 알든 모르든 "아멘!" 하고 크게 외친다. 그리고는 연이여서 "지금 죽어서 천국에 가십시다!"하면 아무도 대답을 안 한다.

세상에서 오래 사는 것이 그래도 좋은 모양이다.

나눔의 행복

외국에 선교를 다니다보면 한국에서는 볼 수 없는 여러 가지의 상황들을 접하게 된다. 그러나 가장 공통적으로 나타나는 현상은 '의, 식, 주' 문제인 것 같다.

우리나라는 그래도 다행스러운 것이 의식주 문제만큼은 어느 정도 해결되지 않았나? 라고 생각한다. '먹을 것이 없어서 무엇을 먹을까?' 라고 염려하는 것이 아니라 너무 먹을거리가 많으니까 '그 중에서 무엇을 먹을까?' 라고 염려하는 나라가 되어 버렸기 때문이다.

얼마 전에 P나라의 선교사가 전해온 소식을 듣고 가슴 아파 울은 적이 있다. 자식은 여덟 명인데 부인은 건강이 안 좋아서 심장병과 고혈압으로 혈압이 180까지 올라갔으나 약값이 없어서 약을 못 먹고 있을 뿐만 아니라 음식은 푸드 집에서 손님들이 먹다가 남겨 버려진 것들을 주워서 모아가지고 그것을 물로 씻어 다시 요리를 해먹고 산다는 것이었다.

살아가는 방법은 여러 가지이지만 이들과의 나눔을 통한 행복을 한번 생각해 보지 않을 수 없는 일이다.

이번에는 내가 먼저

서울 개봉동에 가면 아주 유명한 약국이 있다. 그 곳의 원장님은 나이가 80의 중반이 되셨음에도 얼른 보기에는 60대 중반 정도로 보이신다. 그의 부인께서도 아주 미인이시면서 역시 60대로 보이시는 멋지신 분들이시다. 너무 젊게 사시고 또한 언제나 기쁘고 긍정적으로 사시면서 지금 그 나이에도 무엇을 배우러 열심히 어디를 다니신다.

어느 날 "어떻게 그렇게 젊게 사십니까?"라고 여쭈었더니, "무슨 비결이 있는 것은 아니고요 있다면 아마도 긍정적인 사고력과 언어 때문 일겁니다" 라고 대답해 주시면서 다음과 같이 설명을 해 주셨다.

"먼저 생각을 긍정적이고 적극적으로 가져야 됩니다. 모든 매사를 좋게 생각하는 것이지요. 좋은 것도 나쁘게 생각하면 나쁜 것이 되지만 나쁜 것도 좋게 생각하면 좋은 것이 됩니다. 그리고 말을 할 때에도 좋은 말을 하는 겁니다. 그러면 나 자신이 즐거워지고 기뻐지면서 상대방도 좋아하지 않습니까? 가령 부인을 부르더라도 '사랑하는 예쁜 여보야' 라고 부른다던지 자식들을 향하여서도 '예쁜 아무개야' '사랑하는 아무개야' 라고 부르는 것입니다. 그러다 보면 서로가 좋아지는데 이유는 말속에는 보이지 않는 힘이 있어서 그 파장이 대단한 겁니다. 좋은 말을 하면 좋은 기운이 파장을 쳐서 좋게 되고 나쁜 말을 하면 나쁜 기운이 파장을 쳐서 나쁘게 되는 겁니다. 허허허"

사람이 살아가는 방법은 여러 가지의 모습들이 있다. 그 모습은 '자기의 개성'이라는 것에 맞추어서 자기 나름대로의 의견과 이치를 가지고 사는 것이다. 그러다 보니 가지각색의 모습들을 보게 되는데 문제는 그 속에 순진함과 즐거움과 편안함이 보이지를 않고 어딘가 모르게 그늘진 모습들을 가지고 있다는 사실이다. 이유가 무엇일까?

아마도 그 속에는 긍정적인 것보다는 부정적인 것들이 가득 차 있거나 또는 남을 먼저 생각하면서 좋은 생각을 가지고 있는 것이 아니라 자기만을 생각하는 욕심이 그 마음과 생각 속에 가득 차 있기 때문 일 것이다.

한국 속담에 '가는 말이 고와야 오는 말이 곱다'라는 말이 있다. 예수님께서는 이런 말씀을 하셨다.

"비판을 받지 아니하려거든 비판하지 말라 너희가 비판하는 그 비판으로 너희가 비판을 받을 것이요 너희가 헤아리는 그 헤아림으로 너희가 헤아림을 받을 것이니라 어찌하여 형제의 눈 속에 있는 티는 보고 네 눈 속에 있는 들보는 깨닫지 못하느냐 보라 네 눈 속에 들보가 있는데 어찌하여 형제에게 말하기를 나로 네 눈 속에 있는 티를 빼게 하라 하겠느냐 외식하는 자여 먼저 네 눈 속에서 들보를 빼어라 그 후에야 밝히 보고 형제의 눈 속에서 티를 빼리라 그러므로 무엇이든지 남에게 대접을 받고자 하는 대로 너희도 남을 대접하라 이것이 율법이요 선지자니라 (마태복음 7:1-5, 12)"

세상이 살기 좋고 사람과 사람사이가 좋아지려면 내가 먼저 좋은 생각을 가지고 내가 먼저 좋은 말을 하고 내가 먼저 남을 배려하며 대접하려고 할 때 그리 될 줄을 확신한다.

이것은 어떠한 신앙 속에서 되는 것이 아니라 인격과 생활 속에서 나오는 것이기 때문이다.

폭력과 파괴와 분쟁이 왜 생기는가? 어떤 신앙이 없어서 그런가? "아니다"

그것은 인격이 잘못되어져서 그런 것이며 생활습관이 잘못 되어져서 그런 것이다. 더군다나 "예수 그리스도를 구주로 믿고 입으로 시인하면서 열심히 기도하고 있다"라고 말하는 크리스천들에게서도 폭력과 파괴와 분쟁이 그칠 날이 없는 것을 현실에서 보고 있다. 그래서 가정은 파괴되고 교회는 분열이 되고 교계는 하나가 되지 못하고 있고 사회는 무질서하게 윤리와 도덕과 정의가 사라지고 어두운 그늘이 암울하게 우리를 덮고 있는 세상을 살아가고 있다.

그러므로 이번에는 내가 먼저 생각을 바꾸고 내가 먼저 말을 바꾸면 어떨까 한다. 역시 좋은 사람은 좋은 생각을 하고 좋은 말을 하며 좋은 일을 하는 것 같다.

어쩌면 이 글을 읽고 있는 당신은 진짜로 좋은 사람일 것이다. 그리고 당신이 있기에 이 세상은 살맛이 나고 살기 좋은 세상이 될 것을 나는 확신하고 싶다. 새해에는 내가 먼저 앞장을 서 보도록 하자.

누가 잘 사는 사람인가

밥을 잘 하는 사람에게 "밥 할 줄을 아느냐"고 물었더니 "잘 한다"고 해서 쌀을 내어 주면서 밥을 지으라고 했다. 그런데 놀랍게도 밥인지 죽인지 모를 지경으로 밥을 지어 놓았다. 그래서 "이런 밥이 어디 있느냐" 했더니 하는 말이 "좋지 않은 쌀을 주어서 그렇다"고 이유를 말하면서 쌀을 내어준 사람을 오히려 탓하고 있었다. 어쩌면 그 사람은 밥을 잘 지을 줄 모르는 사람일 것이다.

'잘 산다' 는 말의 의미는 광범위한 말이지만 요약한다면 그때그때를 잘 적응하면서 불편 없이 사는 것을 가리켜 '잘 산다' 라고 말 할 수 있을 것이다.

따뜻한 밥을 지을 수가 없어서 식은 밥을 준다면 그것도 맛있게 먹을 줄 아는 사람, 가스보일러를 쓰던 사람이 가스를 구입할 수가 없어서 장작나무를 사용하더라도 불편 없이 쓸 수 있는 사람, 경기가 어려워서 수입이 적어지더라도 절약하며 근검하게 사는 사람, 등 여러 각색의 환경에서 그때그때를 잘 적응하면서 사는 사람이 진정 잘사는 사람이 아니겠는가?

방법을 알면 된다

수학에는 공식이 있고 우주에는 원리가 있고 삶에는 방식이 있다. 성도의 신앙생활을 가리켜 삶이라고 한다. 그 삶은 하나님과 동행하는 삶을 살아야 되는 것인데 그리하려면 방법을 알아야 한다.

첫 번째는 믿음의 방법이다. 그것은 하나님의 뜻이라면 무조건 '아멘' 하고 인정하고 받아들이면 된다. 왜냐하면 하나님께서 하시고자 하면 능치 못하심이 없기 때문이다.

두 번째 방법은 소망에 대한 방법이다. 그것은 하나님은 결국을 더 좋게 하신다고 믿고 기대해야 된다. 왜냐하면 소망은 미래에 대한 기대이기 때문이다.

세 번째로 사랑에 대한 방법이다. 그것은 내 입장에다가 맞추려 하지 말고 상대방의 입장에다 맞추려 하면 된다. 왜냐하면 사랑은 받으려 하는 것이 아니라 주는 것이기 때문이다.

인생은 이 세 가지의 원리와 삶의 방법을 알지 못하고 실현하지 못해 불행하게 살고 있다.

기둥 같은 인생

가정이든 국가이든 교회이든 간에 집단적으로 경영되는 곳에는 여러 형태의 사람들이 있게 되는 법이다. 그런데 그 중심에는 언제든지 기둥 같은 사람이 반듯이 있어야만 되는 것이다.

기둥은 집을 세우는데 에 있어서 없어서는 안 될 아주 중요한 역할을 하는 것이 기둥이다.

그러므로 기둥은 꼿꼿해야만 한다. 기둥이 비틀어져 있거나 휘어져 있다면 그 집은 불안정한 집이 되고야 말 것이다. 기둥은 늘 제자리에 있어야 한다. 만약에 기둥이 이리저리 옮겨 다니면서 버티고 있다면 그 집은 얼마 못 가서 무너지고야 말 것이다. 그리고 기둥은 힘이 있어야 한다. 기둥이 힘이 없어 감당하지 못한다면 결국에 가서 그 집은 무너지고야 말 것이다.

또한 기둥은 모든 것과 연합을 이루어야 한다. 기둥이 제일이라 하여 혼자 쭈빗이 서있다면 그 기둥은 가치가 없고 쓸모가 없는 기둥일 것이다.

특히 교회에서는 이렇게 기둥 같은 사람이 절대적으로 필요로 한다.

효도는 순종이다

옛날 어느 시골길을 아버지와 어린 아들이 함께 길을 걷고 있었다. 어느 지점에 가다가 보니 길바닥에 말굽이 하나 떨어져 있었다. 이를 본 아버지가 아들에게 "주워서 가지고 가자"하니까 "싫어요!"하며 그냥 지나갔다.

이를 본 아버지가 그 말굽을 주워 가지고는 시장 대장간에다 팔았다. 그리고는 그 돈을 가지고 앵두를 사서 아버지 혼자 하나둘 먹으며 길을 갔다. 이를 본 아들이 버럭 소리 지르며, "아버지는 욕심쟁이처럼 앵두를 혼자만 잡수세요."라고 했다.

그러자 아버지는 "먹고 싶으면 이것을 주워 먹어라"하시면서 앵두를 하나, 둘. 땅에다 떨어뜨리며 앞서가고 있었다.

더욱 화가 난 아들이 "왜 앵두를 그냥 손에다 주지 땅에 떨어뜨리고 주워 먹으라고 하는 거예요"하면서 말하자 아버지가 하시는 말씀이 "아까 말굽을 주우라 했을 때 한번 굽혀서 주웠으면 맛있는 것을 먹을 수가 있었지 않았겠냐. 그러므로 너는 땅에서 여러 번 주워 먹는 것을 배워야 되느니라."고 호통을 치셨다.

부모님께 효도하는 것은 부모님 말씀에 순종하는 것이다

사랑은 말과 설명으로 되는 것이 아니다

사랑이라고 하면 누구나 다 좋아하는 것이고 누구나 다 알고 있는 것이다. 그런데 현실에서 보면 사랑이 너무 추상적이고 또한 이론적이며 입으로만 말하는 사랑이 되어버린 것 같다.

옛날 어느 교회에 목사님께서 부임해 오셨다. 그 목사님께서는 첫 설교가 '서로 사랑 하십시오'라는 내용이었다. 성도들은 은혜 받았다고 기뻐하며 좋아했다. 그런데 다음 주의 설교내용도 같았다. 그래서 성도들은 지난주에 너무 은혜로우니까 또 하셨나보다고 생각했다.

그런데 그 다음 주에도, 또 그 다음 주에도 계속해서 같은 내용이었다. 나중에는 교인들이 일어나 항의를 하면서 우리 목사님은 설교할 것이 없는 목사인가 보다고 다른 곳으로 가기를 원했다. 결국은 회의를 열고는 목사님 설교내용을 바꾸어 주시던지 다른 곳으로 가주시기를 요청했다.

그때 "사랑을 하라고 해도 사랑하지 않는데 어떻게 내가 다른 설교를 할 수 있겠습니까? 사랑은 말로 되는 것이 아닙니다!"하고는 다른 곳으로 가셨다고 한다.

영성을 회복하는 피서

휴가철이 되면서 사람들은 나름대로 피서의 계획들을 세우고 있다. 경기가 어렵다고들 하면서도 5일 근무제와 함께 놀러가는 데는 앞 다투어 열심들인 것 같다. 교회는 여름방학을 맞이하면서 각종 프로그램을 통하여 신앙을 북돋우고 새로운 지식을 전달해서 성숙한 성도로 만들려고 분주하다.

그런데 사람들은 물질의 빈고, 육체의 피로와 무기력함, 그리고 삶의 어려움은 느끼고 직시하면서도 믿음의 빈곤과 영력의 무기력함과 영성의 빈약함은 의식하지 못하는 것 같다.

성경에 보면 예수님께서는 낮에는 여러 곳으로 전도를 다니시다가 밤이 되면 산으로 가셔서 쉬시면서 기도하시곤 하셨다. 그러시면서 영력을 채우셨고. 하나님의 뜻을 이루시기 위해 영성을 충만히 회복하시면서 제자들과 함께 사역에 열심히 하셨다.

무더운 한 여름철에 불쾌질소가 높아져서 짜증과 불만과 무기력함과 권태기가 기승하는 계절에 우리도 예수님처럼 기도하며 영성을 회복하고 성령으로 충만하면 어떨까 한다.

잘 살아 오셨습니다

잘 산다는 말은 상황에 따라서 그 의미가 다를 수 있다.

예를 들어서 전쟁터에서 이 말을 사용하고 있다면 죽지 않고 사는 것을 가리켜 잘 산다고 할 것이며, 인생의 여정 속에서는 평소에 병들지 않고 건강하게 사는 것을 말 할 때 잘 산다고 하고 결혼하는 사람에게 "잘 살아라"고 말 할 때에는 다투지 말고 불평하지 말고 이혼하지 말고 끝 까지 사는 것을 가리켜 잘 산다고 말 할 것이며, 또한 경제적으로는 부유해서 아쉬움이 없이 넉넉하고 호화롭게 사는 것을 가리켜서 잘 산다고 말할 것이다.

그러나 성경에서는 잘 산다는 말의 의미가 그것과는 다소 차이가 있음을 알게 된다.

마태복음 25장에는 예수님께서 세 종류의 비유를 말씀하고 계신다. 첫째는 열 처녀의 결혼에 관한 내용이고, 둘째는 종들에게 주인의 소유를 맡겼을 때의 내용이고, 셋째는 양과 염소의 비유를 통한 내용이다.

그런데 예수님의 이 세 가지 비유를 통하여 깨달아 알 수 있는 것이 있는데 그 것은 '누가 잘 살았는가' 하는 것이다.

첫 번째로 열 처녀의 비유이다.

신랑을 맞이하려는 처녀의 심경은 어떠했을까? 아마도 설렘과 착착함의 교차에서 시집을 가려고 준비하고 있었을 것이다. 그런데 아이로니컬하게도 신랑이 늦게 온다. 불행하게도 시집가는 처녀들이 얼마나 피곤했던지 다 졸며 잠이 들고야 말았다. 그 사이에 신랑이 온다는 소리에 눈을 떠 보니 신랑을 맞이할 때 꼭 필요했던 등불이 꺼져갔던 것이다.

그런데 평소에 잘 살았던 여자들은 만약을 대비하여 기름을 여분 있게 준비했던 터이라 다행이 꺼져가는 등불에 기름을 넣어 불을 밝히므로 신랑을 맞이했지만 그러지 못한 여자들은 모든 게 다 수포로 끝나고 말았다.

여기에서 잘 살았다는 말은 내일을 위하여 준비하며 살았다는 말이 된다. 알 수 없는 미래를 위하여 지금 현실을 살면서도 미리미리 준비하는 것은 잘 사는 것이 된다. 유비무환(有備無患)이란 말이 있다. 미리 준비해 두면 근심할 것이 없다는 말이다. 인생의 삶을 요약해서 한 말 인 것 같다.

두 번째의 비유는 충성스러운 종에 대한 비유이다.

주인이 자신의 돈을 종들에게 맡기고는 타국에 가서 머물다가 돌아와 맡겼던 돈을 환수한다. 그런데 평소에 충성스럽게 산 종은 그것으로 장사하여 이득을 남기고 주인에게 돌려주었을 때 칭찬을 듣게 되지만 잘못 살아온 종은 주인을 오해하여 그 돈을 땅속에 감추어 두었다가 주인에게 그대로 돌려주면서 주인을 핑계한다. 결국 그 종은 버림을 받는 내용이다.

그런데 장사한곳이 어떠한 곳이라는 표시는 예수님이 말씀을 안 하셨다. 그곳이 도시인지 아니면 농촌인지 아니면 산촌과 어촌인지 모른다. 환경이 좋았는지 나빴는지도 모른다. 중요한 것은 주어진 삶의 현장에서 충성을 다해서 부지런히 열심히 살아서 이득을 남겼다는 것이다. 잘 살았다는 말은 여기에 있다. 이 말을 다른 뜻으로 이해하면 후회함 없이 살았다는 의미이기도 하다.

사람들이 지금 살고 있는 곳은 천차만별하다. 그러나 어떤 자는 있는 그곳에서 감사하며 희망을 가지고 충성스럽게 자기 책임을 다하면서 유익이 되게 사는 사람이 있는가 하면 어떤 사람은 남을 탓하고 환경을 탓하고 자신을 원망하며 해롭게 사는 사람이 있다.

이왕지사 한 세상 살아가는 것 잘 살아가는 것이 좋지 않을까?

불나비

한때 농촌에서 살 때의 이야기다. 논에다 벼를 심고 이삭이 밸 때쯤 되면 농민들은 벼의 목을 갉아먹는 멸구 충을 잡기 위해 소독을 철저히 한다. 그렇게 해도 죽지 않고 살아남은 멸구 충은 부화를 해서 나방이 되고는 또 다시 알을 낳아 애벌레를 만들어서 벼 대궁 속으로 파고 들어가 속에 있는 진액을 빨아먹고 자라게 되는데 이때에 그 벼는 하얗게 말라죽게 되어 이삭을 내지를 못한다.

이를 방지하기 위해 농민들은 밤이 되면 쟁반 위에 호야 등을 세워놓고는 그 쟁반에 석유를 부어 놓는다. 그러면 밝은 불을 좋아하는 멸구 충 나방은 불나비가 되어 불을 찾아와 달라 붙으려하다가 뜨겁게 달구어진 호야의 유리에 부딪혀 쟁반 위 석유에 떨어져 죽게 된다.

자기 죽는 줄도 모르고 불을 좋아해서 찾아온 불나비는 어쩌면 자기의 영혼이 죽는 줄도 모르고 마귀의 유혹 속으로 달려가는 현대의 신앙인과 비슷한 점이 있는 것 같다. 불속으로 뛰어드는 불나비 같은 신자들이 지금은 너무 흔한 것 같다.

그리스가 주는 교훈

필자가 선교 차 그리스에 갔던 때가 있었다. 문화의 발상지답게 고대의 유적지가 많이 있었다. 특히 신약성서를 가름할 정도로 유명한 고린도가 부근에 있어서 기독교인들에게는 더욱 뜻깊은 곳이기도 하다. 하지만 세계 경제파동의 영향으로 IMF가 와서 그리스는 현재까지 그 영향에서 어려움을 당하고 있는 실정이다.

그런데 왜 그렇게 어려움이 지속되고 있는 것일까? 물론 정치적으로 경제를 극복하지 못해서도 그러하겠지만 그 경제를 이끌어갈 정신이 문제인 것 같았다. 그들 나름대로는 정직하고 책임성이 있다고들 하지만 실상에 있어서는 좀 게으른 편이 더 많아 보였고 거기에다 아테네의 역사적인 문화와 전통에 묶여서 신성한 내일을 도래하는 것을 더디 하는 것같이 느껴졌다.

특히 그리스는 교회사적으로 초대교회 때에 복음이 활발하게 전개했었으며 성령의 역사가 강하게 있었던 지역이었지만 그 사명과 임무를 감당하지 못한 결과 지금은 다 타고남은 잿더미만 흩날리는 느낌이었다.

나를 통한 하나님의 역사는 오늘도 끊임없이 이루어지고 있음을 그들은 잊은 모양이다.

심장 이식

의학용어 중에서 '셀룰러 메모리(Cellular Memory)'라는 용어가 있다. 이 말은 '세포기억'이라는 말인데 주로 수술환자들에게 많이 쓰이는 단어이다.

이식수술을 하게 되면 세포가 전에 세포의 모든 것을 기억해 두었다가 같은 성격에 적응이 되면 괜찮아 지는 것이고 적응이 안 되면 부작용을 일으키게 된다는 것이다.

그런데 신기한 것은 심장에는 이 셀룰러 메모리의 성능이 원활히 발달을 해서 저 사람의 심장을 이 사람에게 이식하면 이식을 받은 이 사람은 심장을 제공한 저 사람의 마음과 행동과 기질과 성격을 나타낸다는 것이다.

심장이란 생리적인 용어로 염통이라고도 하는데 기능의 역할을 보면 정맥의 혈액을 받아 그곳에서 걸러가지고 동맥을 통하여 몸의 각 부분으로 보내는 순환기관의 주머니를 말하고 있으며 이것을 인격적으로 말할 때에는 '마음'이라고도 하고 또는 '혼'이라고도 하며 인격의 '주체되는 부분'이라고도 한다.

그러므로 신자는 예수 그리스도의 심장으로 이식수술을 해야 된다.

누가 적격자인가?

선거를 앞에 두고 거리에는 현수막이 즐비하고 여기저기서 후보자들의 선거유세가 요란하기만 하다. 그런데 그 유세를 가만히 종합해보면 후보자들 모두가 다 한결같이 "자기가 적격자"라는 것이다. 그러면서 이러쿵저러쿵 이유를 들어 설명을 한다. 선거투표의 결과 때는 그 중의 한 사람만이 적격자로 뽑히는데 말이다.

사도행전 13장 22절에 보면 "내가 이새의 아들 다윗을 만나니 내 마음에 합한 사람이라 내 뜻을 다 이루게 하리라 하시더니"라고 말씀하고 계신다. 그 결과 다윗은 이스라엘의 2대 왕이 되셨다.

다윗은 그 무엇이 하나님의 마음에 들었을까? 그의 생애를 종합해 보면 몇 가지의 특징이 있다.

첫째는 절대적으로 여호와를 하나님으로 믿고 의지하는 신앙이었고, 둘째는 그 하나님의 뜻을 절대적으로 받들어 순종하는 것이었고, 셋째는 이웃을 사랑하는 희생정신이었고, 넷째는 정직하고 진실한 마음이었다.

지도자는 이런 사람이라야 되지 않을까?

잊어서는 안 될 일

미국 워싱턴 D.C.에 가면 한국 6.25 참전용사들을 기리기 위해 기념으로 동상을 만들어 세워놓은 공원이 있다. 대한민국이 중공군에 의해 초토화되기 직전 미국의 병사들이 머나먼 이곳가지 와서 자유 대한민국을 지키기 위해 목숨을 바쳐 희생한 것을 기념하기 위해 세워진 동상들이다.

그 당시 전쟁에 의하여 목숨을 바쳐 희생당한 젊은 병사들이 약 3만5천 명가량이며 불구자가 된 사람들이 수십만에 이른다고 한다. 그들이 한국전에 올 때에는 한국이 어떤 나라인지 조차도 모르면서도 자유를 지켜야 된다는 것 때문에 와서 싸웠다는 것이다. 그리고는 68년이 지난 오늘날에도 미국 사람들은 지난날을 잊지 않고 기억하며 6.25가 되면 행사를 가진다고 한다.

그런데 불행하게도 전쟁을 치렀던 대한민국은 어찌된 일인지 6.25의 전쟁사를 잊고 있는 것 같다. 기념행사도 없을 뿐만 아니라 자라나는 청소년들에게 6.25가 무엇인지 아느냐고 질문하면 모른다 하고 심지어는 교과서에서도 그 역사를 희미하게 기록하고 있는 현실이다.

당신이 진정 한국 사람이라면 6.25를 잊어서는 안 된다.

소갈딱지

'소갈딱지' 또는 '소갈머리'는 평안도 말로써 '사람이 마음에 있는 것을 말과 행동에 나타나는 표현을 통해서 나쁜 뜻으로 나타낼 때' 쓰는 용어이다.

그러나 같은 행동임에도 불구하고 좋은 뜻으로 말 할 때에는 '마음씨'라고 한다.

예수님을 구주로 믿고 사는 사람들은 소갈딱지 소리를 들으면 안 될 것이다. 그런데 교회는 오래 다녔다하고 또 교회에서는 중직이라고도 하시는 분들이 어느 때에는 그 말하는 것과 행동하는 것을 보면 '저럴 수가 있을까' 할 정도로 상식 이하일 때가 많은 것을 보게 된다. 소갈딱지가 드러나 보이는 것이다. 삐지고 토라지고 이해할 수 없는 고집을 부리고 남을 헐뜯기를 거침없이 하고 상처 주는 말을 쉽게 하고 이기적인 모습을 통해 자기만 편리하고 남에게 피해를 주면서도 당연시하는 처세는 그 소갈딱지가 훤히 보이는 것이다.

그래서 교회가 하나가 안 되고 분열과 분쟁이 그치지를 않고 있다. 이제는 그 소갈딱지를 다 떼어버리고 예수님의 마음을 가져야 될 것이다.

아버지의 숨은 사랑

옛날 시골마을에 딸만 여러 명을 두고 살아온 농부가 있었다.

가난하고 어려운 살림살이에 자녀들을 가르칠 여력이 부족하여 좋은 학벌을 갖지는 못하였지만 심성들이 착하여서 모두다 효녀로 성장하게 되었다.

그로 인하여 좋은 소문이 나서 맏딸로부터 시작하여 막내딸까지 명분 있는 집으로 시집들을 가게 되어 모두가 다 부유한 가정에서 좋은 신랑을 만나 잘 살게 되었다.

그런데 그중에서 유독 막내딸만은 생활이 넉넉지 못하여 늘 궁색했지만 그래도 그 여러 명의 딸들 중에는 가장 효성스러운 딸이었다. 그 없는 중에도 부모님께 지극정성으로 섬기며 대접을 했고 자주자주 부모를 찾아뵈며 안녕을 돌보곤 했었다. 아버지는 그러한 딸을 아끼며 사랑했다. 그리고는 딸의 부족한 것들을 다른 딸들이 모르게 조금씩 도와주곤 했다.

그러던 중 세월이 흘러 부친의 회갑 날이 되었다. 시집간 딸들이 너 나름 할 것 없이 아버지를 위해 좋은 선물들을 한아름씩 해서 기쁨을 안겨 주었다.

그런데 막내딸은 두루마기를 한 벌해서 아버지에게 선물을 했다. 그렇잖아도 그 아버지는 '두루마기가 낡아서 새로 한 벌을 했으면' 하고 속으로 생각을 하고 있던 차이었는데 막내딸이 그 없는 중에도 아버지의 마음을 헤아려 아버지가 가지고 싶었던 것을 선물 했던 것이다. 아버지는 너무도 좋아 그 두루마기를 매일 입고 춤을 덩실덩실 추고 있었다. 딸이 없는 중에도 아버지의 마음을 헤하려 준 것이 너무 고맙고 자랑스러웠기 때문이었다.

사랑을 나누는 데는 있고 없고를 떠나서 그 마음 중심이 먼저인 것이다.

상대방의 마음을 헤아리면서 그를 기쁘게 하려는 나의 마음이 그 무엇인가를 통하여 나타내는 것이 사랑인 것이다. 신앙생활 하면서 성도의 마음은 그러해야 된다.

하나님을 가리켜 사랑이라고 말씀하고 있다. 그 사랑을 헤아릴 수 있는 사람은 세상에서는 없을 것이다. 자기의 독생자를 죽이면서까지 죄인을 살려주는 분이 세상에 그 어디에 있을 수가 있을까? 그리고는 그 사랑을 헤아려 하나님을 사랑하며 기뻐하며 늘 가까이 와서 섬기는 사람을 인하여 하나님은 기뻐하시고 춤을 추신다.

작금에 있어서 신앙생활을 하는 성도들을 보노라면 너무도 자기중심적이며 이기적인 것처럼 보여서 마음을 안타깝게 한다.

하나님의 사랑을 자기의 프로그램 속에 맞추어놓고는 그 프로그램에 맞지 않을 경우 하나님을 여지없이 외면하는 것을 종종 목격하곤 한다. 마치 광야를 지나던 이스라엘 백성들이 자기들의 욕구를 충족시켜 주지 않는다고 하나님을 원망하며 돌이켜 지도자 모세와 하나님을 외면하는 것과 다를 바가 없는 것이다.

그들은 노예생활에서 해방시켜준 것만 생각했었더라면 그것만으로도 충분히 감사하며 헌신하며 섬길 수가 있었을 터인데 그 사랑을 까마득히 잊었을 뿐만 아니라 자신들의 욕구를 충족시켜 주기를 원했으니 얼마나 불만이 가득 찼었겠는가?

이제는 하나님께서 춤추시게 해드리면 어떨까? 하나님께서 스바냐 선지자를 통하여 하신 말씀처럼 "너의 하나님 여호와가 너의 가운데 계시니 그는 구원을 베푸실 전능자이시라 그가 너로 말미암아 기쁨을 이기지 못하시며 너를 잠잠히 사랑하시며 너로 말미암아 즐거이 부르며 기뻐하시리라 하리라(스바냐 3:17)"

하나님의 깊고도 넓은 숨은 사랑, 그 사랑을 헤아려 하나님을 경외하는 삶이 되었으면 좋겠다.

짝퉁(가짜)에 익숙해진 사람들

작금의 시대를 가리켜서 짝퉁의 시대라고들 말한다. 그래서 그런지 물건도 가짜, 돈도 가짜, 같이 사는 것도 가짜, 결혼도 가짜, 종교도 가짜, 이제는 사람도 가짜가 나오는 시대이다. 그래서 그런지 이제는 사람들이 가짜에 익숙해져서 가짜를 가짜로 여기지를 않는다.

어느 거리를 지나다가 웃지 못 할 간판을 보게 되었는데 '진짜진짜 참기름'이라고 적혀있는 것이었다. 얼마나 가짜가 많이 있기에 그렇게까지 적어놓아야만 되었겠는가? 이것이 오늘날 한국의 실상이고 현주소인 것이다.

그렇게도 가짜가 많은 세상이지만 가짜라도 진짜 좋은 것이 하나있다. 소리 내어 웃는 것이다. 우습지가 않지만 억지로라도 큰소리로 "하하하…"하고 소리 내어 웃으면 귀를 통하여 들리는 웃음소리를 뇌가 그것이 진짜로 웃는 줄을 알고 몸에 '엔도르핀(endorphin)'을 만들어 낸다는 것이다. 그러므로 소리 내어 많이 웃으며 살자.

건강한 자존감을 세우자

어느 해에 필리핀 바기오 근동지역에 선교를 갔었다. 본인이 시무하는 교단선교사가 있어서 가끔 가는데 그곳에 '본독'이라는 중 · 고등학교에 선교를 집중하고 있었다. 매번 갈 때마다 선물을 갖다 주곤 하던 터이라 이제는 무슨 선물을 줄까 하고 고민을 하게 된다. 그래서 어느 해는 속옷을 사서 주려고 보니까 분명히 상표는 한국브랜드인데 그 속에 있는 표지는 차이나로 되어 있었다. 내가 외국에 선물을 하면서 외국 것을 가져다주기가 창피해서 일일이 가위로 표지를 자르고 선물을 한 적이 있었다.

어느 해에는 수건을 선물로 주었다. 그들이 선물을 받으며 "차이나인가 코리아인가"라고 묻기에 "코리아 제품"이라고 했더니 수건을 펼쳐들고는 "코리아, 코리아"하면서 좋아했다. 그 모습을 보면서 나도 흐뭇해하며 기분이 좋은 적이 있었다. 건강한 자존감이 무엇일까? 정직과 신뢰가 아닌가 싶다.

먹는데 인심이 난다더니

우리나라의 70년대에는 보편적으로 가난하게 살았다. 먹을 것이 넉넉지 않아서 굶는 것을 밥 먹듯 했다. 그래서인지 아침에 인사말이 "진지 잡수셨나요?"라고 묻곤 했었다.

이웃집에 마실 을 가면 밥 한 그릇을 얻어먹기 위해서 식사 때까지 머뭇거리다가 마지못해 겨우 밥 한 그릇을 얻어먹고 나면 무슨 큰일이라도 치른 듯이 스스로가 대견스럽게 여기곤 했었다. 여기서 나온 속담이 '사발농사를 짓는다.'라는 말이 되었다.

매년 음력으로 정월 열 나흗날이 되면 온 마을 집집마다 시루떡을 해서 이 집 저 집 가까운 이웃들과 서로들 떡을 나누어 먹곤 했었다. 그런 상황에도 살림이 가난하여 떡을 하지 못하는 가정에는 이웃사람들이 너도나도 떡 한 조각씩을 가져다주면서 서로의 정과 인심을 나누며 살았다.

그런데 작금의 시대에는 배불리 먹고사는데도 그런 정과 인심을 찾을 수가 없다.

펠리컨 (일명: 사다 새)

이스라엘 성지를 가서보면 예수님 승천 기념교회가 있다. 그 기념교회는 팔각으로 되어있으며 여러 기둥들이 서있다. 그런데 그 기둥에는 새 모양의 조각이 있는데 '펠리컨', 혹은 '페리카나' 일명 '사다 새'라는 새이다. 이 새는 모성애와 희생심이 엄청나게 강한 새인데 새끼를 낳아 기를 때에 먹이가 없으면 어미새는 자기의 가슴을 쪼아 그 피를 자기 새끼에게 먹이고 자기는 죽는다고 한다.

예수님의 승천 기념교회에 왜 이 페리카나를 조각해 놓았을까?

그 것은 예수님께서도 페리카나처럼 당신의 몸을 십자가에 못박아 피를 흘려 죽으시면서 그 피를 마시는 자들마다 죽지 않고 영생을 얻는다는 진리를 의미하기 위해서라고 한다.

예수님은 죽으셨다가 삼일 만에 다시 살아나셨으며 세상에 사십일을 계시다가 승천하셨다.

기독교는 이 사실을 믿는 것이다.

마음에 상처를 받는 이유

사람이 살아가면서 마음에 상처를 가지게 되는데 그럴 경우 자신은 물론이거니와 이웃과의 관계도 불행해진다. 상처를 입는 경우는 몇 가지 이유가 있지만 그 중에서 하나가 '건강치 못한 자존심' 문제이다.

가령 가난한 사람에게 "쥐뿔도 없는 것이 어쩌고저쩌고…"하면 그 말이 가난한 사람에게는 심한 상처의 말이 된다. 그러나 같은 말인데도 부자가 들으면 "흥!"하고 그냥 넘겨 버린다.

이러므로 마음에 상처를 받지 않으려면 '건강한 자존심'을 가지고 있어야 되는데 그것이 무엇일까? '나를 비워 놓는 마음'과 '용서의 마음'과 '감사의 마음'이다.

빌립보서 2장5절 이하 8절에 보면 예수님은 하나님의 본체 시나 자신을 비워놓고 종의 모양을 가지시고 십자가에 죽으셨다. 그러기에 모든 사람을 사랑하고 용서할 수가 있으셨다. 그러므로 건강한 자존심을 갖고 행복하게 살자.

말씀이 삶이 되게 하라

교회를 다니다 보면 어느 사이엔가 자신도 모르는 사이에 교회의 흐름에 젖어들게 된다.

그러다 보면 여러 가지 많은 것들 중에 성경 지식에 대하여 관심을 갖게 되므로 열심히 성경을 공부하여 무엇인가를 배워서 많이 알기를 원한다. 그런데 문제는 성경을 지식과 이론으로만 알고 삶 속에서 그 말씀대로 살지를 않기 때문에 열매가 없는 것이 문제이다.

하나님의 말씀은 많이 아는 것도 중요 하지만 그보다 더 중요한 것은 그 말씀대로 살아서 말씀이 삶의 열매가 되게 해야 한다. 그러기 위해서는 하루, 아니, 일주일에 한 말씀이라도 붙잡고 그 말씀을 묵상하며 실천하기를 힘써야 된다.

그러다 보면 그 실천한 것이 누적이 되어 어느 때 가서보면 내가 말씀 속에 살고 있음을 알게되고 또한 그 말씀이 나의 삶 속에서 열매가 되고 있음을 알게 된다. 오늘 한 말씀만이라도 실천해 보도록 하자.

알아주었으면 좋겠어~~

목회를 하다보면 성도님들을 통해서 느끼는 것이 하나 있다. 전에는 가난하고 어렵게 살다가 하나님의 은혜 가운데서 복을 받아 경제적으로 여유가 생겨서 집도 넓혀가고 차도 좀 큰 것으로 교체를 해서 넉넉함을 이루어 가지고 교회에 오게 되면 사람들이 이러한 형편을 알아주어서 "축하합니다. 좋습니다. 멋지십니다." 등 좀 무슨 인사라도 있어야 되는데 그러한 마음은 아랑곳하지 않고 전과 같이 대해주면 은근히 자기 혼자서 마음이 속상해 하고 있다.

그러다 보면 서운한 감정이 가시지를 않아 이것도 불평스럽고 저것도 불만스럽고 만나도 반갑지 않고 마음마저 멀어져 가다가 결국은 별일 아닌데도 큰 별일이 되어 마침내 교회를 떠나 버리는 경우이다.

사람에게는 "과시욕" 이 있어서 자랑하며 뽐내고 싶어 한다. 어쩌면 당신도 그 사람 중에 한 분 일수도 있을 것이다.

결혼 주례사

필자는 늦은 나이에 결혼을 했다. 솔직히 그 때에 주례 목사님의 주례사는 기억하지를 못하고 있다. 그래서 내가 주례를 하게 되면 내 말을 꼭 기억하게 하려고 지금까지 약 오십여 차례의 주례를 서는 동안 여러 가지의 방법을 사용해 보았지만 역시 그들도 기억을 하지 못하고 있었다.

수많은 결혼식을 참석해 보면서 주례자님의 메시지를 경청해 보노라면 좋은 말씀들을 많이 하신다. 그 중에서 거의 가 다 동일하게 하시는 말씀은 "서로 이해하며 사랑하십시오." 라는 문구이다. 부부가 서로 이해하며 서로 사랑하는 것은 인생을 살아가면서 필수이자 모든 것의 함축적인 말 일 것이다. 그러할 때에 행복하게 되는 것이고 잘 살게 되는 것이기 때문이다.

그런데 문제는 그렇게 못 하고 있고 또 안 되고 있기 때문에 행복이 깨어지고 힘겨운 인생을 살고 있더라는 것이다.

이렇게 흘러가다가는??

우리나라의 고유 명절은 크게 두 가지가 있다. 하나는 추석명절이고 또 다른 하나는 설날이다. 설날은 우리나라의 고유전통을 살려서 어른들을 찾아뵙고 큰절을 올리고 나이 한 살을 더 먹는 것을 인정하며 가족들이 모여서 덕담을 나누면서 우정을 쌓는 날이기도 하다.

그래서 옛날에는 부치미를 만들어 먹고 떡국을 먹고 여러 가지 놀이를 하면서 설을 보내었다. 그런데 어느 때부터 인가 그러한 풍습이 점점 사라지더니 요즈음에는 아예 설날을 이용해서 관광이나 여행을 가는 것이 대다수인 것 같다.

문화가 바뀌어 지는 것은 시대적 양상이기 때문에 그렇다 하더라도 문제는 그러한 영향을 받아 개인주의, 이기주의 심리로 변해 가는 것이 더 큰 문제가 아닐 수 없다.

사람은 모여서 부딪히고 마주 하면서 공동체의 사회를 구성해 가는 것인데 이렇게 흘러가다가는 어찌 되려나하고 걱정이 앞선다.

지하 600미터의 희망

전라남도 화순에 가면 '화순광업소'가 있다. 이곳은 탄광업소로써 우리나라에서 현재 유일하게 남아있는 광산이다. 이곳에서 일을 하시는 분들의 말씀을 참고로 하면 "깊이가 수평선 아래로 483미터로써 출발지점이 해발 110미터이니까 지구의 심장으로 지하 600미터까지 내려갔다"는 것이다.

지반이 약하여 무너지면 언제 죽을지도 모르는 이러한 위험한 곳에서 일을 하시는 광부들에게는 "그래도 일을 할 수가 있어서 다행"이라고 생각하며 '내일의 희망'을 가지고 산다고 하니 그들의 희망이 결코 헛되지 않기를 바라는 심정이 간절해진다.

희망은 위험도 감수하는 힘이 되고, 땅속에서라도 다시 지상으로 올라오게 하는 원동력이라면 이러한 희망이 없이 사는 사람들은 참으로 불쌍하고 불행한 사람일 것이다.

당신에게는 과연 희망이 있을까가 궁금해진다.

아름다운 죽음

서기 2019년 2월 6일 서울 동대문구 전농1동 어느 아파트에 혼자 사시던 85세의 노덕춘 이란 할머니 한 분이 돌아가셨다. 그 분은 평소 혼자 사시는 동안 폐지를 모아 팔아가며 노령연금을 모아 아껴가면서 모은 돈이 약 1억8천여만원 가량이었다. 그러면서 이웃에 어렵게 사는 사람이 있으면 도와주고 선한 일에 앞장서서 일을 하시곤 하셨다고 한다.

그러시면서 늘 하는 말이 "내가 죽으면 내 재산을 전농1동 사회복지 담당과 아파트 관리실 협의 하에 좋은 곳에 써 달라"며 유언을 하시고는 죽으셨다는 것이다.

무연고자는 신문 공고 및 시 홈페이지 계시를 거쳐 화장하는 게 보통이지만 동대문구는 고인의 귀한 뜻을 기리기 위해 전농1동 동장을 상주로 전 구청 직원들과 공무원들이 고 노덕춘 할머니의 장례식을 정성껏 치렀다고 한다. 사람은 누구나 다 맞이하는 죽음 앞에서 고인의 아름다운 죽음은 귀감이 되는 것 갔다.

매운탕이 바뀌어 뷔페가 된 기도

어느 목회자들의 모임에 갔었다. 모든 회무를 마치고 점심시간이 되어 식사를 하러갔다. 음식점은 뷔페였는데 꽤나 값이 나가는 음식이었다. 먹기가 좀 부담스러워 하고 있었는데 식사를 대접하는 분이 하시는 말씀이 "원래는 생선 해물 매운탕으로 대접을 하려고 준비하고 있었는데 목사님들께서 합심하여 뜨겁게 열심히 기도를 할 때 별안간 마음에 감동이 오면서 이곳으로 모시고 와야겠다는 생각이 들어 왔다"는 것이다.

그 말을 들으며 음식을 먹는 중에 "가격이 좀 부담이 가는데 괜찮으세요?" 하니까 "주님께서 채워 주시겠지요 허허허" 하시며 웃고 계셨다. 식사를 하시던 분들이 연이어 하시는 말씀들이 "기도를 잘 하니까 매운탕이 바뀌어 뷔페가 되었네" 하시면서 식사를 마치게 되었다.

기도는 만사를 바꾸어 놓기도 하지만 기적을 이루는 것이 기도라면 사람의 마음을 움직일 수 있는 기도는 능력 있는 기도라고 말한다.

내가 먼저 공감대를 형성하면 좋을 텐데

사람이 살고 있는 사회는 여러 각색으로 구성되어져 있다. 저마다 각기 나름대로의 전문분야가 있어 그들만의 세계관이 있지만 그 속에서 서로가 어루러져 살아가는 것이 인간이다.

그런데 현실을 바라보노라면 각자의 의견과 생각이 공감대를 이루지 못해서 불편을 느끼고 있고, 다투며 시기 질투가 끈이지를 않고 있어 사회생활을 하기가 얼마나 두려운지 모른다.

심지어는 죽이고 모함하고 공갈과 협박을 서슴지 않고 있으며 의리와 인정과 사정은 아랑곳하지 않고 있는 것이 현실이다.

누구나 다 각자의 자기 의견과 주관이 있다. '그것은 맞는 것이고 남의 의견과 주관은 틀린 것이다' 라고 생각한다. 그런데 다른 사람도 역시 같은 생각을 가지고 있으며 고집하고 있더라는 것이다. 이러한 부류의 사람들이 살아가고 있는 사회는 과연 밝은 희망이 있을 수가 있을까 싶다.

고얀 놈들

어느덧 나도 모르는 사이에 "내가 이제 나이를 먹었구나!" 라고 스스로 생각하는 버릇이 요즘 들어서 자주 나타나곤 한다. 때문인지 사회생활과 대중생활을 하면서 은근히 대접을 받기를 원하고 있고 또 그렇지 못할 경우 서운한 감정이 오래 동안 가시지를 않고 있다.

그 중에서 많은 비중을 차지하는 것은 나이가 나보다 어리거나 또는 후배가 먼저 인사를 하지 않고 보는 둥 마는 둥 지나 치려고 할 때가 기분이 영 언짢아 진다.

나는 성격 때문인지는 모르겠지만 내가 먼저 상대방에게 손을 내어 밀지 않거나 인사를 청하지 않으면 왠지 모르게 죄책감 같은 그 어떤 감정을 갖게 되어 괴로워서 견딜 수가 없기 때문에 어디를 가든 무엇을 하든 먼저 일일이 인사를 하는 버릇이 있다.

그런데 이제 나이가 들어서인지는 모르지만 나보다 어린 사람이나 후배가 먼저 인사를 하지 않고 지나치면 고얀 놈과 같이 여겨지니 어찌하면 좋을지 모르겠다.

나라면 어떻게 했을까?

얼마 전에 내 차가 견인이 되어 견인 보관소에서 찾아온 사례가 있었다. 이유는 평소 내 차를 세워 두는 곳에 공사가 벌어져서 남의 차를 세워 두는 곳에 이동해 두었는데 그곳은 시에서 운영하고 있는 도로 계약 주차장이었다. 잠깐 동안 세워 둔다고 했던 것을 깜박 있고 저녁때까지 주차를 하고 있었는데 계약자가 본인의 차를 주차하려고 보니 내 차가 있는 고로 전화를 몇 차례 했지만 때마침 나는 예배 시간이었던 관계로 전화를 받지 못하고 말았다.

견인 관리소에서 내 차를 견인해 갔으니 보관소로 차를 찾으러 오라는 문자 메시지가 발송 된 것을 보는 그 순간 기분이 민감하게 교차하는 것을 참고 있다가 다음날 "내 차를 당신의 주차장에 세워서 심려를 끼쳐 죄송하다"고 문자로 인사를 드리고 내 차를 찾아오게 되었다. 그리고는 '꼭 그렇게 했어야만 되었을까?', '나라면 어떻게 했을까?' 하고 많은 생각을 해 보았다.

그리스도인들의 기쁨

사도 바울께서 쓰신 옥중 서신을 읽다보면 감옥 안에 계신 분이 감옥 밖에 있는 성도님 들을 위로하시면서 오히려 “기뻐하라 내가 다시 말 하노니 기뻐하라”고 권면 하고 계신 것을 보게 된다. 어떻게 그런 말씀을 하실 수 가 있으셨을까?

사도 바울께서는 기뻐해야 될 근거와 이유를 세상 것이나 인간 적인 것을 거의 다 소유하고 누렸음에도 불구하고 그런 것에 두지를 않고 예수 그리스도께 두고 사셨기 때문이었다. 예수님 때문에 기뻐하시니까 예수님 때문에 당하는 시련과 고난도 오히려 당연시했고 또 견딜 수가 있었으며 그분 예수님만 당신의 자랑으로 여기시고 사셨음을 고백하신다.

예수 그리스도를 구주로 믿고 의지하는 그리스도인들은 무엇을 근거로 두고 무엇을 이유로 기쁨을 가지고 살아 갈 수 있을까? 그것은 세상의 명예와 부귀와 권세가 아니라 예수 그리스도가 되어야만 할 것이다.

믿을 수가 없는 사람

목사로써 목회를 하다보면 성도들을 신뢰하고 인정하며 사랑하고 섬겨야만 된다. 그러하지 못하게 될 때에는 목회자로서 자격이 상실 될 뿐만 아니라 잘 할 수가 없기 때문이다.

그런데 세상의 사람들은 여러 종류의 모습들을 가지고 있어서 그런 사람들을 일일이 비유를 맞추면서 섬긴다는 것은 여간 어려운 일이 아닐 수가 없다.

그 중에서 가장 목회자의 마음을 아프게 하는 사람들이 있는데 신뢰하고 인정하며 사랑하고 섬겨주던 그 사람이 어느 날 갑자기 변질이 되는 때이다. 한국 속담에 '열길 물속은 알아도 한길 사람 속은 알 수가 없다.'는 말처럼 그렇게 믿어주었던 사람이 배신을 하는 때에는 정말 마음을 가누기가 힘이 겨울 때가 있다. 거기에다가 소위 '뒤통수를 친다.'는 말처럼 모함하고 비방하며 사기 치고 다닐 때에는 '내가 왜 그를 믿었었나.'하고 후회가 된다. 결국 깨닫게 된 것은 사람은 믿을 대상이 아니라 사랑할 대상이라는 것이다.

그게 평소의 모습이라면 어쩔 수가 없다

어느 날 교역자들의 모임이 있어서 참여한 때 가 있었다. 회무를 마치고 점심때가 되어 식당을 가게 되었다. 식당은 주차장의 반대편에 위치하고 있었고 왕복 이차선의 도로를 건너야만 했다. 다행히도 주차장의 좌, 우편 약 십여 미터 거리에는 횡단보도가 있어서 쉽게 건너 갈 수가 있었다.

그런데 그 중에 단 세분만이 횡단보도를 통하여 길을 건너가고 있었고 다른 분들은 지름길을 선택하여 도로 중앙을 건너서 식당엘 가고들 있었다. 그러면서 "그냥 빨리들 오세요." 하고 소리 지르며 손짓하고 있었다. 그 때 횡단보도를 통하여 건너가신 분 중에 한 분이 "만일 여기에 우리 성도가 이 모습을 지켜보고 있었다면 뭐라고 변명해야 좋지?" 하고 일침을 놓았다. 평소에 생활하던 습관이 같은 상황이 벌어졌을 때에 그냥 자연스럽게 나오는 것이 행동이라면 그 모습이 그 생활이 아니었을까?

왕의 도움은 어디서 올까?

유대나라의 두 번째 왕인 다윗왕은 시인이셨다. 그 분이 지은 시는 신앙생활을 토대로 지은 시인데 그 중에 한편을 보면 이런 구절이 있다 "내가 산을 향하여 눈을 들리라 나의 도움이 어디서 올까(시편 121:1)"라고 질문하는 구절이다. 그리고는 곧 이어서 "나의 도움은 천지를 지으신 여호와에게 서로다"라고 답을 말씀하고 계신다.

유대인들에게 있어서 산은 기를 상징했고, 보호를 의미했고, 신께 예배하는 제단이 주로 산에 있었기 때문에 산을 신성 시하고 있었다. 그러므로 다윗도 왕이기 전에 한 인간이었기에 도움이 필요했었던 것은 사실이었는데 그 도움이 혹시 산에서 이루어지지 않을까 했다가 돌이켜 보니 그것은 아니고 오직 살아 계신 만 군의 여호와 하나님만이 도움이신 것을 깨닫고 "나의 도움은 천지를 지으신 여호와에게 서로다"라고 고백한 것이다.

그렇다면 당신의 도움은 어디서 올까?

세상에서는 내 권리만이 다가 아니다

얼마 전에 어느 고등학생이 나이가 지긋 하신 노인에게 욕지거리를 하면서 대들고 있었다. 옆에서 지켜보기가 너무 역겨워 학생을 나무라고 싶었지만 그럴 형편도 안 되어서 지나쳐야만 했다. 못 볼 것을 본 것 같고 남의 일 이지만 내가 당한 것 같아서 괜스레 울분이 가시지를 않아 며칠 동안 고생 한 적이 있었다.

그 고등학생이 노인에게 대들면서 하는 말은 "나에게도 인권이 있고 권리가 있는데 왜 어르신이 이래라 저래라 하고 참견하느냐"라는 것이었다. 노인이 참견한 것은 나이 어린 고등학생이 노인들 앞에서 풍기가 문란한 행동을 하고 있었기 때문이었다.

사회란 인격을 가진 사람을 통하여 질서가 있고 윤리와 도덕이 있고 도리와 사리가 함께 공존하는 것이 사람이 사는 사회이다. 인권이라고 해서 이러한 것들을 배제하고 권리만 주장하는 것은 바른 사회가 아닌 것이다.

반드시 원주민을 쫓아내라

구약성경을 보면 이스라엘 백성들이 애굽에서 노예로 살던 것을 하나님께서는 그의 능력으로 이적과 기사를 통하여 그들을 출애굽 시켜 가나안 땅을 기업으로 허락해 주신다.

그리고는 반드시 가나안에 살고 있는 원주민을 다 쫓아내실 것을 몇 번이고 신신 당부하시며 명령을 하셨다. 만일에 그들을 다 쫓아내지 않고 조금이라도 남겨두면 그들이 눈과 옆구리에 찌르는 가시가 된다는 것이었다.

이 말씀은 영적인 의미에서 매우 깊으신 교훈이시다. 가나안 땅은 신령한 성도의 모습과 삶을 상징한다면 원주민은 인간의 본성과 근성과 습성을 말씀한다. 성도가 신령한 삶을 살아가려면 이러한 원주민을 쫓아내는 것만큼 성화되어지고 그리스도 예수님의 성품을 닮아 가게 된다. 이러한 사실을 발견한 사도 바울께서는 "나는 날마다 죽노라"고 고백 하셨으며,

"내가 내 몸을 쳐서 복종하게 한다."고 말씀 하셨다.

오팔의 보석 같은 사람

어떤 보석상에서 보석을 이것저것 살피던 손님이 어떤 보석을 가리키며 "이 보석은 별로 좋아 보이지를 않는데 가격이 왜 이렇게 비쌉니까?" 하고 물었다. 그 보석은 "오팔"이라는 보석이었다. 그러자 보석상 주인은 아무 말 없이 그 보석을 두 손으로 꼬~옥 감싸듯 어루만졌다.

잠시 후 손을 펴자 그 보석은 무지갯빛으로 아름답게 빛나고 있었다. 보석상 주인은 손님에게 이렇게 말했다. "오팔은 사람 손으로 따뜻하게 감싸주면 아름다운 빛을 낸답니다."

사람은 오팔과 같은 보석과 같아서 서로 사랑해 주고 감싸주면 아름다운 빛을 낼 수 있는 존재다. 하나님께서는 인간을 만드실 때에 서로가 사랑하며 감싸주며 살아가도록 만드셨다.

사랑하지 못하고 감싸주지 못하니까 빛을 잃어 버려서 어두움과 그늘 속에 탄식하며 한숨지으며 시기와 원망과 분쟁 속에 불행한 인생을 살고 있다. 이 글을 읽고 있는 당신은 분명 오팔의 보석같이 귀중한 분이시다.